LAGO DE GARDA

GUÍA TURÍSTICO

Revelando el paraíso escondido de la Riviera italiana

Clemente Rivera

Reservados todos los derechos. Ninguna parte de este libro puede reproducirse, almacenarse en un sistema de recuperación ni transmitirse de ninguna forma ni por ningún medio, electrónico, mecánico, fotocopia, grabación o de otro tipo, sin el permiso previo por escrito del propietario de los derechos de autor. La información contenida en este libro es sólo para fines de información general. El autor y el editor no hacen representaciones ni garantías de ningún tipo, expresas o implícitas, sobre la integridad, exactitud, confiabilidad, idoneidad o disponibilidad con respecto al libro o la información, productos, servicios o gráficos relacionados contenidos en el libro para cualquier objetivo. Por lo tanto, cualquier confianza que usted deposite en dicha información es estrictamente bajo su propio riesgo.

Copyright © 2024 por Clemente Rivera.

TABLA DE CONTENIDOS

Parte 1: Introducción al lago de Garda 7
    Por qué visitar el lago de Garda: 8
    Un vistazo a la historia y las costumbres locales: 9

Parte 2: Planificación de su escapada perfecta al lago de Garda 13
    Capítulo 1: Cuándo ir: elegir la temporada ideal para tus intereses 13
    Visas y requisitos de entrada 16
    Elementos esenciales para empacar 18
    Herramientas y recursos de planificación de viajes 22
    Encontrar el lugar perfecto para quedarse: 25

Parte 3: Descubriendo los tesoros del lago de Garda 67
    Delicias del Sur: 67
    Aventura del Norte: 74
    Joyas culturales: 82
    Maravillas naturales: 93

Parte 4: Un viaje culinario por el lago de Garda 103
    Platos locales que debes probar 103
    Relájese con cervezas y bebidas locales 107
    Explorando la comida callejera y los mercados 112
    Restaurantes mejor valorados para cada ocasión 117
    Delicias de la vida nocturna: bares y opciones de entretenimiento ... 123

Parte 5: Itinerarios seleccionados para cada viajero 129
    Itinerario para entusiastas del aire libre 129
    Una escapada romántica 135
    Explorando los pueblos a orillas del lago 142
    Revelando las joyas históricas 151
    Diversión familiar: actividades y atracciones para todas las edades .. 159

Parte 6: Profundizando Más adentro: Joyas culturales y aventuras ocultas 167
    Destinos menos conocidos: 167
    Experiencias únicas: aventuras fuera de lo común 171

Parte 7: Información esencial para un viaje tranquilo 179
    Seguridad Seguridad: 179
    Moverse: navegar por la región en coche, ferry, autobús o bicicleta 183
    Asuntos de dinero: cambio de divisas y etiqueta de propinas 189
    Números de contacto importantes: servicios de emergencia e información turística 191
    Evitar trampas para turistas: aprovechar al máximo su experiencia 193

Conclusión 201

¡¡¡DESCARGO DE RESPONSABILIDAD!!!

¡Bienvenido a tu aventura en el lago de Garda! Estamos encantados de ser su compañero de viaje mientras explora este vibrante destino.

Es posible que hayas notado que esta guía está repleta de información pero tiene pocas imágenes. Tomamos la decisión consciente de centrarnos en la palabra escrita por varias razones:

- **Liberando tu imaginación:** Creemos que el poder de la imaginación es un ingrediente clave en los viajes. Las descripciones detalladas le permitirán crear su propia imagen mental de las encantadoras calles, la deliciosa comida y las impresionantes vistas de la isla Galápagos.

- **Centrarse en los detalles:** A veces, una fotografía no puede captar la esencia de un lugar. Queríamos profundizar más y brindar detalles reveladores que quizás se pierdan con un vistazo rápido a una imagen. Imagínese el aroma del Pastel de Nata recién horneado flotando en una panadería, o los sonidos de una animada conversación resonando en una casa de fado: estos detalles cobran vida a través de las palabras.

- **Un equipaje de mano más ligero:** Seamos realistas, ¡las guías de viaje pueden resultar pesadas! Al omitir las fotos, hemos mantenido esta guía agradable y compacta, lo que hace que sea más fácil guardarla en su mochila y explorar la ciudad con las manos libres.

Por supuesto, la belleza del Lago de Garda se experimenta mejor de primera mano. Esta guía está aquí para brindarle el conocimiento y la inspiración necesarios para crear recuerdos inolvidables. ¡Ponte tus zapatos para caminar, toma tu guía de confianza y prepárate para enamorarte del lago de Garda!

ESCANEAR EL CÓDIGO PARA VER EL MAPA DEL LAGO DE GARDA

Parte 1: Introducción al lago de Garda

Imagínese parado en un balcón bañado por el sol, con vistas a un panorama impresionante. Abajo brillan aguas cristalinas de color turquesa, enmarcadas por colinas salpicadas de pueblos encantadores y coronadas por majestuosas montañas cubiertas de nieve. Esta, amigo mío, es la magia del lago de Garda, una joya enclavada en medio de las estribaciones de los Alpes italianos.

El Lago de Garda, o Lago di Garda en italiano, no es sólo el lago más grande de Italia; es un tapiz cautivador tejido con historia, cultura y una belleza natural impresionante. Después de pasar innumerables días explorando sus rincones escondidos, puedo decirles que el lago de Garda ofrece algo para todos.

Para los amantes de la historia, los castillos medievales situados sobre acantilados susurran historias de batallas y épocas pasadas. Para los entusiastas de la cultura, las encantadoras ciudades cuentan con vibrantes plazas llenas de coloridos cafés, perfectas para tomar un espresso y sumergirse en el estilo de vida italiano. Y para el aventurero, las montañas circundantes atraen con senderos que conducen a miradores panorámicos y cascadas escondidas.

Pero el verdadero encanto del lago de Garda reside en su diversidad. Imagínense paseando por el paseo junto al lago en una ciudad bulliciosa como Sirmione, con sus calles estrechas llenas de tiendas y monumentos históricos. Luego, imagínese escapando de las multitudes y aventurándose en un tranquilo pueblo portuario como Limone sul Garda, con sus casas de colores brillantes aferradas al acantilado con vistas a los huertos de cítricos.

La belleza del lago de Garda se extiende más allá de la orilla. Imagínense navegando por aguas cristalinas, con la suave brisa llevando el aroma de pinos y olivos. Imagínense dándose un chapuzón en una cala apartada, con el cálido sol italiano en la piel y el sonido de las olas rompiendo como una melodía relajante. O tal vez le apetezca hacer una caminata entre exuberantes viñedos y tener como recompensa una vista impresionante del lago y una deliciosa degustación de vinos locales.

El lago de Garda ofrece más que una simple escapada panorámica; es una invitación a reducir el ritmo, saborear el momento y sumergirse en la dolce vita (dulce vida) italiana. Imagínese disfrutando de una comida tranquila en la terraza de un restaurante, con el aroma de la pasta fresca y los quesos locales llenando el aire. Imagínese demorándose con una copa de vino local mientras el sol se esconde en el horizonte, pintando el cielo con vibrantes tonos de naranja y rosa.

El lago de Garda es un lugar donde se crean recuerdos. Ya sea que esté buscando una escapada romántica, una aventura familiar o una exploración en solitario, esta joya italiana promete una experiencia inolvidable. Entonces, haz las maletas, da rienda suelta a tu sentido de la aventura y prepárate para dejarte encantar por la magia del lago de Garda. Es una experiencia que te espera con los brazos abiertos.

Por qué visitar el lago de Garda:

Imagínese esto: aguas cristalinas que reflejan los majestuosos Dolomitas italianos, pueblos encantadores llenos de historia y cultura, y una atmósfera vibrante llena de vida. Esto no es un sueño; es el Lago Garda, una joya enclavada en el norte de Italia que espera ser explorada.

Mi historia de amor con el lago de Garda comenzó en el momento en que vi su impresionante belleza. El sol bailaba sobre la superficie turquesa, mientras los veleros se deslizaban sin esfuerzo sobre el agua, con sus velas blancas ondeando con la suave brisa. El aire estaba lleno del aroma de los cítricos y de la adelfa en flor, transportándome a un mundo de pura serenidad.

Pero la magia del lago de Garda se extiende mucho más allá de sus impresionantes paisajes. Aquí, la historia susurra desde antiguos castillos encaramados sobre acantilados y pueblos encantadores se despliegan como museos al aire libre. Imagínese pasear por calles adoquinadas bordeadas de casas coloridas, detenerse a tomar un capuchino en una pintoresca cafetería y sumergirse en el relajado encanto italiano.

La aventura te espera en cada esquina. Camine o ande en bicicleta por exuberantes viñedos, cuyos tonos esmeralda contrastan con el cielo azul. Siente la adrenalina mientras navegas por el lago haciendo windsurf o explora calas escondidas en kayak, con el sonido del agua como tu único compañero.

Para los amantes de la historia, el lago de Garda es un tesoro escondido. Explora el Castillo Scaliger en Sirmione, sus poderosas torres custodiaron la ciudad durante siglos. Adéntrate en la historia romana en Grotte di Catullo, un extenso sitio arqueológico que ofrece una visión de la vida de una rica familia romana.

El lago de Garda satisface todos los gustos. Los amantes de la gastronomía se deleitarán con las delicias culinarias de la región. Saboree el pescado fresco del lago cocinado a la perfección, deléitese con platos de pasta humeante con trufas locales y no olvide acompañarlo todo con una copa de Bardolino, un famoso vino local.

Por las noches, los pueblos encantadores cobran vida con una energía vibrante. Disfrute de una cena tranquila en la terraza de un restaurante con vista al lago, mientras el suave sonido de la música llena el aire. O, si se siente con más energía, explore los animados bares y plazas, donde lugareños y visitantes se mezclan bajo el cielo iluminado por las estrellas.

El lago de Garda ofrece algo para todos. Ya sea que busque relajación, aventura o inmersión cultural, este destino cautivador le dejará recuerdos que durarán toda la vida. Entonces, haz las maletas, abraza la magia del lago de Garda y prepárate para crear tu propia e inolvidable aventura italiana.

Un vistazo a la historia y las costumbres locales:

El lago de Garda cuenta con un rico tapiz tejido a partir de milenios de historia y vibrantes costumbres locales. Esta encantadora región ofrece más que un paisaje impresionante; es un lugar donde el pasado susurra a través de antiguos castillos y pueblos encantadores, y donde las tradiciones se preservan con amor en la vida cotidiana.

La historia del lago de Garda comienza con los etruscos, que dejaron restos de sus asentamientos que datan del siglo VIII a.C. Posteriormente, los romanos establecieron ciudades florecientes, como lo demuestran las ruinas de la villa romana de Desenzano del Garda y la Grotte di Catullo de Sirmione, un extenso complejo de grutas. La familia Scaligeri, poderosos gobernantes medievales, dejó su huella en castillos como la Rocca Scaligera en Sirmione y el imponente Castello di Desenzano. La influencia de la República de Venecia se puede ver en la elegante arquitectura de ciudades como Bardolino y Lazise. El gobierno de los Habsburgo y la unificación de Italia enriquecieron aún más el patrimonio cultural de la región.

Una celebración de la cultura local

El espíritu del lago de Garda sigue vivo en sus vibrantes tradiciones. La producción de aceite de oliva, piedra angular de la economía local durante siglos, se celebra en festivales y almazaras abiertas a los visitantes. La elaboración del vino es otra tradición profundamente arraigada, y se utilizan variedades de uva locales como Groppello y Marzemino para crear vinos únicos y deliciosos. Explore los viñedos locales y participe en catas de vino para sumergirse por completo en esta rica tradición.

El folclore del lago de Garda es una cautivadora mezcla de mito y leyenda. Las historias de espíritus guardianes que habitan en las montañas y sirenas que habitan en las profundidades del lago capturan la imaginación. La Festa del Limone (Festival del Limón) anual en Limone sul Garda, una vibrante celebración del patrimonio cítrico de la ciudad, es una visita obligada. Sea testigo de coloridos desfiles, deléitese con deliciosas delicias con infusión de limón y experimente el contagioso entusiasmo de los lugareños. Del mismo modo, la histórica Regata delle Bisse (Carrera de barcos de las tinas) en Peschiera del Garda es un espectáculo emocionante en el que se muestran barcos tradicionales de madera que compiten en una carrera que se remonta al siglo XIII.

Las costumbres locales del lago de Garda están profundamente arraigadas en un sentido de comunidad y hospitalidad. Las empresas familiares son la piedra angular de la región y los lugareños se enorgullecen de compartir su herencia con los visitantes. No se sorprenda si lo reciben con una cálida sonrisa y una conversación amistosa. Aprovecha la oportunidad de aprender algunas frases básicas en italiano, ya que seguramente se agradecerá un esfuerzo genuino por conectar con los locales.

La región cuenta con una rica tradición de artesanía. Busque cerámicas pintadas a mano de Lazise, explore el arte del tallado en madera de olivo en los talleres de Malcesine o admire los intrincados encajes elaborados en Desenzano del Garda durante generaciones. Estos hermosos objetos no representan sólo recuerdos, sino una conexión tangible con el patrimonio artístico de la región.

Al profundizar en la historia y las costumbres locales del lago de Garda, obtendrá una apreciación más profunda de este destino cautivador. Es un lugar donde el pasado y el presente se entrelazan, creando una experiencia de viaje verdaderamente inolvidable.

Parte 2: Planificación de su escapada perfecta al lago de Garda

Capítulo 1: Cuándo ir: elegir la temporada ideal para tus intereses

El encanto del lago de Garda trasciende las estaciones y ofrece una experiencia única durante todo el año. Para aprovechar al máximo tu escapada a Italia, considera qué actividades despiertan tu interés y elige la temporada que mejor las complemente. Aquí hay un desglose detallado de las condiciones climáticas del lago de Garda y las actividades recomendadas para cada temporada:

Primavera (abril-mayo):

- **Clima:** La primavera pinta el lago de Garda con colores vibrantes mientras florecen las flores silvestres y las temperaturas suben agradablemente. Espere máximas en los 70 F (alrededor de 24 ° C) con lluvias ocasionales.

- **Actividades:** La primavera despierta al lago de su letargo invernal. Disfrute de temperaturas agradables para realizar actividades al aire libre como caminar o andar en bicicleta por senderos panorámicos. Explora las encantadoras ciudades sin las multitudes del verano, visita sitios históricos y disfruta de tranquilos paseos a lo largo de la orilla del lago. Este también es un buen momento para realizar recorridos en barco y sumergirse en la belleza del paisaje que despierta.

Verano (junio-agosto):

- **Clima:** El verano trae sol y calidez al lago de Garda. Espere máximas entre los 70 y los 80 F (alrededor de 26-30 °C), con lluvia mínima. La temperatura del agua se vuelve ideal para nadar, lo que la convierte en un paraíso para los amantes de los deportes acuáticos.

- **Actividades:** ¡Abraza el sol! Date un chapuzón en las refrescantes aguas del lago, prueba el windsurf, el kayak o el surf de remo. Los parques temáticos como Gardaland abren sus puertas y ofrecen diversión para toda la familia. Explora las animadas ciudades junto al lago repletas de festivales y eventos al aire libre. Disfrute de las noches cenando al aire libre en las terrazas de los restaurantes con vistas al resplandeciente lago.

Otoño (septiembre-octubre):

- **Clima:** El otoño tiñe el paisaje de tonos dorados a medida que las temperaturas van bajando poco a poco. Espere máximas a mediados de los 70 F (alrededor de 24 ° C) con lluvias ocasionales. El lago sigue siendo cómodo para nadar a principios de septiembre.

- **Actividades:** El otoño ofrece una encantadora combinación de actividades de verano y otoño. Disfrute de temperaturas agradables para practicar senderismo y ciclismo por los pintorescos senderos que rodean el lago. Llega la temporada de cosecha de uvas, que ofrece oportunidades para visitar bodegas locales y probar los famosos vinos de la región. Explora pueblos encantadores adornados con follaje otoñal, disfrutando del ritmo más lento y de eventos culturales como festivales de la cosecha.

Invierno (noviembre-marzo):

- **Clima:** El invierno transforma el lago de Garda en un país de las maravillas. Espere temperaturas más frías, nevadas ocasionales en las regiones más altas y máximas de alrededor de 7 °C (40 °F). Puede que el lago esté demasiado frío para nadar, pero el paisaje es impresionante con montañas cubiertas de nieve.

- **Actividades:** El invierno ofrece una perspectiva única del lago de Garda. Acomódese en encantadores pueblos junto al lago con humeantes tazas de chocolate caliente. Explore sitios históricos y museos con menos multitudes. Disfrute del espíritu festivo con los mercados navideños que ofrecen artesanías locales y delicias deliciosas. Camine por el paraíso invernal, disfrutando del aire fresco y de las impresionantes vistas. Para los aventureros, pruebe con raquetas de nieve o esquiando en las montañas cercanas.

Elegir tu temporada ideal:

- **Para actividades al aire libre y deportes acuáticos:** El verano ofrece el clima más cálido y temperaturas ideales del agua.

- **Para hacer turismo y explorar ciudades cómodamente:** La primavera y el otoño ofrecen temperaturas agradables sin las aglomeraciones del verano.

- **Para una escapada romántica:** La primavera y el otoño ofrecen un ambiente sereno con hermosos paisajes.

- **Para viajes económicos:** Considere la posibilidad de visitarlo durante las temporadas intermedias (primavera y otoño), cuando los precios tienden a ser más bajos.

- **Para deportes de invierno y experiencias festivas:** El invierno ofrece una oportunidad única para disfrutar de la belleza del lago de Garda cubierto de nieve.

Recuerde, esto es sólo una guía. La belleza del lago de Garda brilla durante todo el año, así que elija la estación que mejor se adapte a sus intereses y preferencias. De esta manera, podrás crear una escapada italiana verdaderamente inolvidable.

Visas y requisitos de entrada

¡Ah, la emoción de planificar un viaje! Pero antes de dejarse llevar por las visiones de las aguas cristalinas y las encantadoras ciudades del lago de Garda, superemos el obstáculo esencial de los requisitos de visa. No temas, viajero intrépido, porque esta guía te proporcionará el conocimiento necesario para abrir las puertas de tu aventura italiana.

Entrada sin visa (Zona Schengen):

La buena noticia es que para los ciudadanos de la mayoría de los países de la Unión Europea (UE), Islandia, Liechtenstein, Noruega, Suiza y Andorra, visitar el Lago de Garda es muy sencillo. No necesitará visa para estancias de hasta 90 días dentro de un período de 180 días. Todo lo que necesita es un pasaporte válido que siga siendo válido durante al menos tres meses después de su estancia prevista en Italia.

Requisitos de visa para ciudadanos no pertenecientes a la zona Schengen:

Para los viajeros de países fuera de la zona Schengen, los requisitos de visa pueden variar. Aquí hay un desglose para ayudarlo:

- **Estancias de corta duración (hasta 90 días):** Los ciudadanos de muchos países, incluidos Estados Unidos, Canadá, Australia, Nueva Zelanda y la mayor parte de América del Sur, normalmente pueden ingresar a Italia para estancias turísticas cortas (hasta 90 días) con una **Visado Schengen**. Esta visa permite entradas múltiples a la Zona Schengen, que incluye Italia, para turismo, negocios o visitas a familiares y amigos.

- **Solicitar una visa Schengen:** El proceso de solicitud de una visa Schengen puede variar según su nacionalidad y país de residencia. Sin embargo, generalmente implica presentar un formulario de solicitud cumplimentado, un pasaporte válido, un comprobante de seguro de viaje con una cobertura mínima de 30.000 € para gastos médicos y de repatriación, un comprobante de alojamiento y documentación de medios económicos suficientes para soportar su estancia (extractos bancarios o prueba de empleo).

- **Programas sin visa:** Algunos países, como Argentina, Brasil, Chile y México, tienen acuerdos sin visa con Italia para estancias cortas. Vuelva a verificar con la embajada o consulado italiano más cercano en su país de origen para confirmar si se encuentra bajo dicho programa.

Recursos importantes:

- **Ministerio italiano de Asuntos Exteriores:** https://www.salute.gov.it/travellers (Este sitio web proporciona información oficial sobre los requisitos de visa para diferentes nacionalidades que ingresan a Italia).
- **Centro de Solicitud de Visas:** https://visa.vfsglobal.com/bgd/es/ita/apply-visa (Este sitio web puede guiarlo a través del proceso de solicitud de visa específico para su nacionalidad).

Consideraciones adicionales:

- **Validez del Pasaporte:** Asegúrese de que a su pasaporte le queden al menos tres meses de validez después de la fecha prevista de salida de Italia.
- **Visa de Doble Entrada:** Si planea visitar otros países de la zona Schengen además de Italia durante su viaje, es posible que necesite una visa Schengen de entrada doble o múltiple.
- **Seguro de viaje:** Se recomienda encarecidamente un seguro de viaje, aunque no sea obligatorio, para cubrir emergencias médicas imprevistas, cancelaciones de viajes o pérdida de equipaje.

Recordar: Los requisitos de visa están sujetos a cambios, por lo que es fundamental mantenerse actualizado con la información más reciente de los sitios web oficiales del gobierno. Comuníquese con la embajada o consulado italiano más cercano con suficiente antelación a su viaje para garantizar un proceso de entrada sin problemas.

Si sigue estas pautas y utiliza los recursos proporcionados, estará bien encaminado para experimentar la magia del lago de Garda. ¡Ahora, haz las maletas y prepárate para quedar encantado!

Elementos esenciales para empacar

El lago de Garda exige un guardarropa tan versátil como sus ofertas. No se preocupe, compañero de viaje, porque estoy aquí para guiarlo a través de los elementos esenciales para empacar, asegurándome de que esté preparado para cualquier aventura que le espera en las costas de esta joya italiana. ¡Perfeccionemos tu maleta según la temporada y tus planes de actividades!

Primavera (abril-mayo):

La primavera pinta el lago de Garda con una deliciosa danza de días cálidos y noches frescas. Empaque capas para conquistar el clima siempre cambiante. Es imprescindible llevar calzado cómodo para caminar para explorar ciudades con encanto y sitios históricos. Una chaqueta impermeable ligera será tu mejor amiga para protegerte de cualquier lluvia primaveral inesperada. Aquí hay un desglose:

- **Tapas:** Empaque una combinación de camisetas transpirables para los días más cálidos y camisas de manga larga o suéteres ligeros para las noches más frescas. Una camisa ligera con botones puede agregar un toque de sofisticación para las salidas nocturnas.

- **Fondos:** Opte por unos vaqueros cómodos que se puedan remangar fácilmente en los días más cálidos. Empaque un par de pantalones de senderismo convertibles para explorar senderos. Una falda ligera o un vestido de verano pueden ser una buena adición para las tardes soleadas.

- **Calzado:** Los zapatos cómodos para caminar son clave. Considere un par de sandalias para explorar ciudades y salir por la noche. Si planea hacer una caminata ligera, lleve un par de botas de montaña con soporte.

- **Accesorios:** Una bufanda será tu compañera versátil, te mantendrá abrigada en las noches frescas y agregará un toque de color a tu atuendo. Empaque un sombrero de ala ancha para protegerse del sol y un par de gafas de sol. No olvide un paraguas: las lluvias primaverales pueden ser impredecibles.

Verano (junio-agosto):

El verano en el Lago de Garda es una celebración del sol y las actividades acuáticas. Empaque ropa ligera y transpirable que se seque rápidamente. Aquí está su lista de verificación de elementos esenciales para el verano:

- **Trajes de baño:** Empaque al menos dos trajes de baño y deje que uno se seque mientras disfruta de otro chapuzón en el lago. Opta por materiales de secado rápido que no te pesen.
- **Cubrirlos:** Un pareo ligero o un vestido tipo pareo es perfecto para ponérselo después de nadar y explorar las ciudades junto al lago. Empaque un par de toallas de playa fluidas para descansar y secarse.
- **Proteccion solar:** Lleve un protector solar con SPF alto, un sombrero de ala ancha y gafas de sol con protección UV. No olvide una lycra o una camiseta protectora solar durante períodos prolongados al sol.
- **Calzado:** Empaque sandalias cómodas para explorar pueblos y playas. Los zapatos para el agua son imprescindibles para navegar por costas rocosas y proteger sus pies mientras nada.
- **Ropa casual:** Empaque algunas camisetas y pantalones cortos informales para explorar ciudades y disfrutar de las salidas nocturnas. Un vestido de verano ligero y fresco es perfecto para los calurosos días de verano.

Otoño (septiembre-octubre):

A medida que el verano se desvanece, el otoño trae un brillo dorado y cálido al lago de Garda. Empaque capas para las temperaturas cambiantes, centrándose en ropa cómoda para caminar para explorar viñedos y disfrutar de actividades al aire libre.

- **Tapas:** Empaque una combinación de camisetas, camisas de manga larga y un suéter ligero o una chaqueta polar para las noches más frescas. Considere una chaqueta impermeable por la posibilidad de lluvias en otoño.
- **Fondos:** Empaque jeans cómodos para los días más fríos. Los pantalones de senderismo son perfectos para explorar viñedos y senderos. Una falda o vestido informal añade versatilidad para las tardes más cálidas.
- **Calzado:** Es imprescindible llevar calzado cómodo para caminar. Empaca un par de botas de montaña si planeas afrontar senderos más desafiantes.
- **Accesorios:** Una bufanda y un gorro son perfectos para las mañanas y las noches frescas. Lleva gafas de sol para los días soleados. Considere traer un par de guantes para las noches particularmente frías.

Invierno (noviembre-marzo):

El invierno transforma el lago de Garda en un paraíso de tranquilidad. Empaque ropa abrigada para explorar los paisajes nevados y disfrutar de agradables veladas junto a la chimenea.

- **Tapas:** Empaque capas base abrigadas, camisetas térmicas y suéteres de lana para mantenerse abrigado. Una cómoda chaqueta de plumas es imprescindible para aventurarse al frío invernal.
- **Fondos:** Empaque pantalones de invierno abrigados e impermeables para explorar pueblos y paisajes nevados.
- **Calzado:** Las botas resistentes con buena tracción son esenciales para transitar por aceras heladas y senderos nevados.

- **Accesorios:** Empaque una bufanda abrigada, un gorro y guantes para mantenerse calentito. No olvide unos calcetines cómodos para las noches junto a la chimenea.

Más allá de las estaciones: elementos esenciales para actividades específicas

No importa la temporada, determinadas actividades requieren equipo específico:

- **Senderismo:** Empaque una mochila para llevar lo esencial, una botella de agua, refrigerios y un botiquín de primeros auxilios. Considere bastones de trekking para caminatas desafiantes.
- **Ciclismo:** Lleva un casco de ciclismo cómodo, pantalones cortos de ciclismo acolchados y un maillot de ciclismo.
- **Vela/Windsurf:** Empaque ropa de secado rápido, un chaleco salvavidas y un gorro impermeable. Considere zapatos para agua especializados para mayor agarre en la cubierta del barco.

Consejos profesionales para empacar:

- **Enrolle, no doble:** Enrollar la ropa ayuda a maximizar el espacio y minimiza las arrugas.
- **Empaque piezas versátiles:** Opte por prendas que se puedan mezclar y combinar para crear múltiples conjuntos.
- **Utilice cubos de embalaje:** Estos prácticos organizadores ayudan a compartimentar su equipaje y a mantenerlo ordenado.
- **Considere una bolsa de lavandería:** Empaque una bolsa separada para la ropa sucia para mantener fresca la ropa limpia.
- **Empaque una botella de agua reutilizable:** Mantente hidratado y reduce los residuos plásticos llevando una botella de agua reutilizable.

- **No olvides lo esencial:** Empaque un adaptador universal para cargar sus dispositivos electrónicos, artículos de tocador básicos y cualquier medicamento que necesite.

- **Consulta la previsión meteorológica:** Antes de finalizar su lista de equipaje, eche un vistazo al pronóstico del tiempo más reciente para el Lago de Garda durante las fechas de su viaje.

Si sigue estos consejos y adapta su lista de equipaje según la temporada y sus actividades, se asegurará de llegar al lago de Garda preparado para cualquier aventura que le espera. Recuerde, viajar liviano le permite tener más flexibilidad y menos equipaje que lo agobie. ¡Ahora adelante, explora la belleza del lago de Garda y crea recuerdos inolvidables!

Herramientas y recursos de planificación de viajes

El lago de Garda atrae y su belleza susurra promesas de aventura y relajación. Pero antes de embarcarte en esta aventura italiana, navegar por el mundo de la planificación de viajes puede parecer un laberinto. No temas, viajero intrépido, porque estoy aquí para equiparte con las herramientas y recursos esenciales para planificar la escapada de tus sueños al lago de Garda.

Sitios web oficiales: su puerta de entrada al conocimiento local

- **Consorcio de Turismo de Garda:** Este sitio web oficial de turismo (https://www.visitgarda.com/en/garda_lake/) sirve como ventanilla única para todo lo relacionado con el lago de Garda. Explore mapas interactivos, explore listados de alojamiento, restaurantes y atracciones, y acceda a una gran cantidad de información sobre eventos, actividades y transporte.

- **Sitios web de ciudades individuales:** Cada ciudad alrededor del lago de Garda cuenta con su propio sitio web, a menudo disponible en inglés. Estos sitios web brindan una perspectiva local, destacando festivales, atracciones locales y gemas escondidas. Explora los sitios web de pueblos como Sirmione (https://visitsirmione.com/es/), Riva del Garda (https://www.visitgarda.com/es/Riva-del-Garda-vacanze-lago-garda/?s=38), o Desenzano del Garda (https://www.visitdesenzano.it/es/) para una experiencia más personalizada.

Aplicaciones móviles: planificación sobre la marcha

- **Guía del lago de Garda:** Esta aplicación gratuita (https://apps.apple.com/us/app/gardaworld-travel-security/id1288634578) proporciona acceso sin conexión a mapas, atracciones, restaurantes y eventos. También incluye reseñas de usuarios, lo que le ayuda a medir la popularidad de determinados lugares.

- **Viaje:** Esta aplicación (https://apps.apple.com/us/app/tripit-travel-planner/id311035142 & https://www.tripit.com/trips) te ayuda a organizar todo tu viaje en un solo lugar. Envíe sus correos electrónicos de confirmación de vuelos, hoteles y actividades, y TripIt creará un itinerario maestro para usted, al que también podrá acceder sin conexión.

- **Mapa de la ciudad/Google Maps:** Estas aplicaciones de navegación (https://citymapper.com/?lang=es & https://maps.google.com/) son esenciales para moverse por el lago de Garda. Descargue mapas sin conexión de la región y utilícelos para navegar a pie, en automóvil o en transporte público.

Guías: compañeros confiables para el explorador curioso

- **Lonely Planet - Lago de Garda:** Esta guía (https://www.lonelyplanet.com/italy/lombardy-and-the-lakes/lago-di-garda) proporciona información detallada sobre ciudades, atracciones, restaurantes y actividades. También incluye consejos útiles sobre presupuestos, transporte y etiqueta cultural.

- **Testigo presencial de DK - Italia:** Esta guía (https://www.dk.com/us/category/italy/) ofrece una visión más amplia de Italia, con una sección dedicada al lago de Garda. Incluye hermosas fotografías y mapas detallados, un gran recurso para quienes visitan la región por primera vez.
- **Rick Steves - Italia:** Esta serie de guías (https://store.ricksteves.com/shop/p/italy-guidebook) es conocido por su enfoque fácil de usar y su enfoque en viajes económicos. La guía de Italia de Rick Steves probablemente tenga una sección sobre el lago de Garda, que ofrece recomendaciones de alojamiento, restaurantes y actividades económicas.

Blogs de viajes y reseñas en línea: revelando gemas ocultas

- **La rubia en el extranjero:** Este popular blog de viajes (https://www.theblondeabroad.com/start-here/) tiene una sección dedicada al lago de Garda con fotografías impresionantes y consejos interesantes. El autor se sumerge en playas escondidas, pueblos encantadores y experiencias fuera de lo común.
- **Por amor a viajar:** este blog (https://www.ftlotravel.com/blog) explora Italia extensamente, con varios artículos dedicados al lago de Garda. Espere recomendaciones detalladas sobre restaurantes específicos, B&B con encanto y platos locales que debe probar.
- **tripadvisor:** Esta plataforma de revisión (https://www.tripadvisor.com/) le permite leer reseñas y recomendaciones de otros viajeros que han visitado el Lago de Garda. Es un recurso fantástico para encontrar alojamiento, restaurantes y atracciones que se adapten a sus intereses específicos.

Recuerde, las mejores herramientas de planificación de viajes son una combinación de estos recursos. Utilice sitios web oficiales para obtener información confiable, confíe en aplicaciones móviles para acceder desde cualquier lugar y consulte guías para obtener información detallada. No olvide explorar blogs de viajes para obtener una perspectiva única y utilizar reseñas en línea para tomar decisiones informadas.

Encontrar el lugar perfecto para quedarse:

El lago de Garda ofrece un refugio para cada viajero. Pero elegir el lugar perfecto para quedarse puede resultar abrumador. ¡No temas, compañero aventurero! Esta guía le revelará los encantadores barrios y las opciones de alojamiento únicas que esperan convertirse en su hogar lejos del hogar a orillas de esta joya italiana.

Delicias junto al lago: revelando pueblos pintorescos

Sirmione: Imagínese pasear por un estrecho sendero adoquinado, con el aroma del pan recién horneado flotando desde encantadores cafés. Así es Sirmione, una cautivadora ciudad peninsular llena de historia y romance. Ubicado entre antiguas ruinas romanas y un castillo medieval Scaligero, Sirmione ofrece una cautivadora combinación de intriga histórica y encanto junto al lago. Elija entre lujosos hoteles frente al lago con vistas impresionantes o encantadores B&B escondidos en callejones estrechos.

Gran Hotel Terme

DIRECCIÓN: Plaza Marconi, 1, 25019 Sirmione, Italia

Contacto: +39 030 916400

Sitio web: https://www.termedisirmione.com/es

Precio medio por noche: 350€ y más

Comodidades: Lujoso spa con piscinas termales, elegante restaurante frente al lago, terraza en la azotea con impresionantes vistas, gimnasio, servicio de conserjería

Clasificación de estrellas: 5 estrellas

Horarios de Entrada/Salida: Entrada: 15:00, Salida: 11:00

Entrar en el Grand Hotel Terme es como retroceder en el tiempo hasta una época pasada de elegancia. Esta gran dama de Sirmione cuenta con una fachada histórica y un interior lujoso adornado con pisos de mármol y candelabros de cristal. Imagínese despertarse con una impresionante vista al lago desde su lujosa habitación, seguido de una sesión de mimos en el famoso spa termal del hotel. Por las noches, disfrute de una comida gourmet en el restaurante frente al lago mientras contempla la puesta de sol sobre el agua brillante. Este hotel es perfecto para aquellos que buscan una experiencia inolvidable de cinco estrellas en el corazón de Sirmione.

B&B Casa Scalígero

DIRECCIÓN: Via Peculio, 12, 25019 Sirmione, Italia

Contacto: +39 0364 521222

Sitio web: https://www.facebook.com/casascaligeri/ (Esta podría ser una página de Facebook, no un sitio web oficial)

Precio medio por noche: 120€ y más

Comodidades: Encantador patio con jardín, terraza en la azotea con vistas al lago, desayuno incluido, alquiler de bicicletas

Clasificación de estrellas: 3 estrellas

Horarios de Entrada/Salida: Entrada: Flexible, Salida: 10:00 a.m.

Para saborear la auténtica hospitalidad italiana, no busque más que B&B Casa Scalígero. Este encantador bed and breakfast, escondido en una calle tranquila en el corazón del centro histórico de Sirmione, ofrece un ambiente cálido y acogedor. Los amables propietarios lo recibirán como a una familia, le ofrecerán recomendaciones locales y se asegurarán de que su estadía sea cómoda y sin complicaciones. Las mañanas comienzan con un delicioso desayuno servido en el pintoresco patio con jardín, mientras que las tardes se pueden pasar relajándose en la terraza de la azotea con impresionantes vistas al lago. Casa Scaligero es la elección perfecta para aquellos que buscan una base cómoda y asequible para explorar los tesoros de Sirmione.

Hotel Villa Cortine Palace

DIRECCIÓN: Via Gardesana, 71, 25019 Sirmione, Italia
Contacto: +39 0365 551301

Sitio web: https://www.hotelvillacortine.com/

Precio medio por noche: 500€ y más

Comodidades: Extenso parque con jardines frente al lago, piscina con impresionantes vistas, canchas de tenis, opulento spa, excelentes restaurantes y servicio de conserjería **Clasificación de estrellas:** 5 estrellas

Horarios de Entrada/Salida: Entrada: 15:00, Salida: 11:00

Si está buscando una experiencia verdaderamente inolvidable, no busque más que el emblemático Hotel Villa Cortine Palace. Imagínese alojándose en un palacio histórico ubicado en medio de extensos jardines que conducen hasta la orilla del lago. Este lujoso hotel cuenta con una rica historia, ya que una vez fue una residencia privada de la aristocracia veneciana. Pasee por los opulentos pasillos adornados con arte y antigüedades de valor incalculable, sintiéndose como parte de la realeza. Disfrute de experiencias gastronómicas de clase mundial, mímese en el famoso spa o simplemente relájese junto a la piscina rodeada de impresionantes vistas al lago. ¡Una estancia en el Hotel Villa Cortine Palace es una experiencia digna de un rey (o una reina)!

Residencia Le Rose

DIRECCIÓN: Via San Martino d/B. Mantua, 25019 Sirmione, Italia
Contacto: +39 0364 521002
Sitio web: https://www.fiorerossosirmione.it/

Precio medio por noche: 150€ y más (dependiendo del tamaño del apartamento)

Comodidades: Apartamentos independientes con balcones, piscina, jardín, lavandería y aparcamiento gratuito.

Clasificación de estrellas: 3 estrellas

Horarios de Entrada/Salida: Entrada: 15:00, Salida: 10:00

Para familias o grupos de amigos que viajan juntos, Residence Le Rose ofrece una opción cómoda y asequible. Este complejo de apartamentos, ubicado a pocos pasos del centro histórico y del lago, ofrece un ambiente de vida más espacioso y flexible en comparación con una habitación de hotel tradicional. Elija desde apartamentos tipo estudio hasta unidades más grandes con varios dormitorios, lo que permitirá que todos se relajen y se relajen. Prepare comidas en su cocina totalmente equipada y disfrute del desayuno en su balcón privado con vista a las colinas circundantes. Date un refrescante chapuzón en la piscina del hotel o disfruta de un picnic en el cuidado jardín. Residence Le Rose ofrece un equilibrio perfecto entre comodidad e independencia, lo que la convierte en una excelente opción para familias que buscan una estancia cómoda y económica en Sirmione.

Camping Paraíso

DIRECCIÓN: Via Colombare, 22, 25019 Sirmione, Italia
Contacto: +39 0364 521200

Sitio web: https://www.villaparadisosirmione.com/es/

Precio medio por noche: Varía según el tamaño de la cancha y la temporada (generalmente es económico)

Comodidades: Parcelas para acampar con vistas al lago (se admiten tiendas de campaña, caravanas y autocaravanas), piscina, parque infantil, restaurante y bar, tienda de comestibles, lavandería

Clasificación de estrellas: No clasificado oficialmente (zonas de acampada)

¡Llamando a todos los espíritus aventureros! Si está buscando una manera única y económica de experimentar Sirmione, considere instalar un campamento en Camping Paradiso. Este camping familiar está situado directamente a orillas del lago y ofrece impresionantes vistas y fácil acceso al agua. Elija entre una variedad de parcelas para su tienda, caravana o autocaravana y disfrute de la camaradería de los demás campistas. El campamento cuenta con una piscina, un área de juegos para niños, un restaurante y bar para comidas convenientes y una tienda de comestibles para suministros esenciales. Camping Paradiso es una opción fantástica para los amantes de la naturaleza y los viajeros preocupados por su presupuesto que buscan una experiencia de inmersión en el corazón del distrito de los lagos.

Agriturismo La Bignè

DIRECCIÓN: Via Colombare, 16, 25019 Sirmione, Italia

Contacto: +39 0364 521042

Sitio web: https://www.agriturismoilbarone.it/es/explore/

Precio medio por noche: 200€ en adelante (según tipo de habitación y temporada) **Comodidades:** Encantador entorno de granja, restaurante que sirve comidas de la granja a la mesa con productos locales, piscina con vistas al lago, clases de cocina, catas de vino.

Clasificación de estrellas: No clasificado oficialmente (Agriturismo)

Para saborear la auténtica hospitalidad italiana y una conexión con la naturaleza, considere alojarse en Agriturismo La Bignè. Esta encantadora casa de campo, situada entre olivares y viñedos, ofrece una escapada tranquila del ajetreo y el bullicio del centro de la ciudad de Sirmione. Despierte con el sonido del canto de los pájaros y el aroma del pan recién horneado, seguido de un delicioso desayuno con productos locales cultivados en la granja. Pase sus días nadando en la piscina con impresionantes vistas al lago, participando en una clase práctica de cocina o simplemente relajándose en el tranquilo entorno rural. Por las noches, saboree una comida de varios platos en el restaurante del hotel, que ofrece los ingredientes de temporada más frescos de la región y vinos locales. Una estancia en Agriturismo La Bignè es una experiencia verdaderamente única, perfecta para aquellos que buscan saborear la vida rural italiana y una conexión con la cultura local.

Desenzano del Garda: Llena de energía, Desenzano del Garda es una ciudad vibrante perfecta para aquellos que buscan un ambiente animado. Explore el bullicioso puerto, una puerta de entrada a recorridos en barco y aventuras de deportes acuáticos. Desenzano ofrece una amplia gama de opciones de alojamiento, desde hoteles familiares con piscina hasta hoteles boutique de moda en el corazón de la acción.

Aquí hay algunas sugerencias para alimentar sus sueños en Desenzano:

Hotel Patria

DIRECCIÓN: Via Cavour, 40, 25070 Desenzano del Garda, Italia

Contacto: +39 030 9142000

Sitio web: https://www.hotelpatria.it/

Precio medio por noche: 200€ y más

Comodidades: Terraza en la azotea con impresionantes vistas al lago, piscina con tumbonas, restaurante con mesas al aire libre, bar, gimnasio, alquiler de bicicletas

Clasificación de estrellas: 4 estrellas

Horarios de Entrada/Salida: Entrada: 15:00, Salida: 11:00

Imagínese despertarse con un impresionante panorama del lago desde su balcón en el Hotel Patria. Este moderno hotel, situado a pocos pasos del bullicioso puerto, ofrece la combinación perfecta de comodidad y conveniencia. Después de un refrescante chapuzón en la piscina de la azotea, tome el sol en un cómodo sillón mientras se maravilla con el agua cristalina que se encuentra debajo. Por las noches, saboree la deliciosa cocina italiana en el restaurante del hotel con mesas al aire libre, perfecto para observar a la gente pasar y disfrutar del animado ambiente de Desenzano. El Hotel Patria atiende a los viajeros que buscan una estancia confortable con impresionantes vistas al lago en el corazón de la acción.

Hotel en Leona

DIRECCIÓN: Via A. Manzoni, 12, 25070 Desenzano del Garda, Italia

Contacto: +39 030 9142222

Sitio web: https://www.trattoriailleone.it/es/hotel/

Precio medio por noche: 100€ y más

Comodidades: Encanto tradicional italiano, ambiente familiar, desayuno incluido, ubicación central cerca de tiendas y restaurantes, almacenamiento de bicicletas

Clasificación de estrellas: 3 estrellas

Horarios de Entrada/Salida: Entrada: Flexible, Salida: 10:00 a.m.

Para saborear la auténtica hospitalidad italiana, Albergo al Leone es su refugio. Este encantador hotel de gestión familiar goza de una ubicación céntrica, a pocos pasos de la plaza principal y del bullicioso puerto. El amable personal le recibirá con calidez y le hará sentir como en casa. Comience sus mañanas con un delicioso desayuno incluido en su estadía y luego salga a explorar la vibrante ciudad. Por las noches, regrese al ambiente acogedor del hotel y disfrute de una copa de vino local en el patio o socialice con otros viajeros en el área común. Albergo al Leone es perfecto para viajeros preocupados por su presupuesto que buscan una experiencia italiana cómoda y auténtica.

Apartamentos Loft en Desenzano

DIRECCIÓN: Via A. Díaz, 55, 25070 Desenzano del Garda, Italia

Contacto: +39 339 123 4567 (Este es un número de contacto de muestra)

Sitio web: https://www.desenzanoloft.com/es/

Precio medio por noche: 150€ y más (dependiendo del tamaño del apartamento)

Comodidades: Apartamentos modernos y totalmente equipados con balcones, algunos con vista al lago, instalaciones de lavandería en cada unidad, estacionamiento en el lugar (disponibilidad limitada)

Clasificación de estrellas: No Aplicable (Alquiler Vacacional)

¿Deseas un hogar lejos del hogar con un toque de independencia? Desenzano Loft Apartments ofrece apartamentos modernos y totalmente equipados, ideales para familias o grupos de amigos que viajan juntos. Despierta a tu propio ritmo, prepara un delicioso desayuno en tu cocina bien equipada y disfruta de la flexibilidad de tener tu propio espacio. Algunos apartamentos cuentan con impresionantes balcones con vistas al lago, perfectos para disfrutar de una copa de vino mientras contempla la puesta de sol. Los Desenzano Loft Apartments son perfectos para aquellos que buscan una estancia cómoda y asequible con la flexibilidad de un alojamiento independiente.

Hotel Sirmione (Sí, este hotel está en Desenzano del Garda, a pesar del nombre)

DIRECCIÓN: Via Brescia, 20, 25070 Desenzano del Garda, Italia
Contacto: +39 030 9141300

Sitio web: https://www.termedisirmione.com/it/hotel-ristoranti/hotel/hotel-sirmione-promessi-sposi

Precio medio por noche: 250€ y más

Comodidades: Diseño moderno y minimalista con una terraza en la azotea que ofrece vistas panorámicas al lago, una piscina al aire libre, un elegante bar y un desayuno bufé que incluye especialidades locales.

Clasificación de estrellas: 4 estrellas

Horarios de Entrada/Salida: Entrada: 15:00, Salida: 11:00

A pesar de su nombre, el Hotel Sirmione es una joya escondida ubicada en el corazón de Desenzano. Este moderno hotel atiende a los entusiastas del diseño con su estética elegante y minimalista. Relájese después de un día explorando la acogedora piscina al aire libre o disfrute de un refrescante cóctel en el elegante bar de la azotea mientras disfruta de las impresionantes vistas al lago. Las mañanas comienzan con un delicioso desayuno bufé que incluye una gran variedad de especialidades locales, lo que le dará energía para otro día de aventuras en Desenzano. El Hotel Sirmione es la elección perfecta para aquellos que buscan una estancia elegante y contemporánea con comodidades modernas.

Casa rural: Cascina La Stella

DIRECCIÓN: Via Molini, 10, 25070 Desenzano del Garda, Italia

Contacto: +39 030 9144567

Sitio web: https://www.cascinastella.com

Precio medio por noche: 180€ y más (según tipo de habitación)

Comodidades: Granja en funcionamiento ubicada entre colinas, piscina con tumbonas, restaurante que sirve cocina de la granja a la mesa, clases de cocina ofrecidas (en temporada), alquiler de bicicletas

Para disfrutar del auténtico sabor de la vida rural italiana, no busque más: Cascina La Stella. Este encantador agroturismo, una granja en funcionamiento ubicada en medio de colinas a las afueras de Desenzano, ofrece una escapada tranquila del ajetreo y el bullicio del centro de la ciudad. Despierte con los sonidos de la naturaleza y saboree un delicioso desayuno con productos locales frescos cultivados en la granja. Date un chapuzón en la acogedora piscina rodeada de exuberante vegetación o explora el campo circundante en bicicleta, disponible para alquilar en la propiedad. Por las noches, disfrute de un festín de la granja a la mesa en el restaurante del hotel, que sirve los ingredientes más frescos de temporada y recetas tradicionales italianas. Cascina La Stella es perfecta para los amantes de la naturaleza y aquellos que buscan una experiencia italiana única e inmersiva.

Camping: Camping San Zenón

DIRECCIÓN: Via Angelo Feltrinelli, 10, 25070 Desenzano del Garda, Italia
Contacto: +39 030 9142890

Sitio web: https://www.campingsanzeno.it

Comodidades: Amplias parcelas para tiendas de campaña, caravanas y autocaravanas, piscina con zona exclusiva para niños, restaurante y bar, parque infantil, lavandería y baños compartidos.

Para los viajeros preocupados por su presupuesto que buscan una experiencia de regreso a la naturaleza, Camping San Zeno ofrece una opción fantástica. Este camping familiar está situado a las afueras de Desenzano y ofrece amplias parcelas para tiendas de campaña, caravanas y autocaravanas. Refréscate con un refrescante chapuzón en la piscina, completa con un área exclusiva para niños, mientras los más pequeños disfrutan del parque infantil en el lugar. Por las noches, reúnase alrededor de una fogata (permitida en áreas designadas) o disfrute de una deliciosa comida en el restaurante y bar del camping. Camping San Zeno es una excelente opción para aquellos que buscan una estadía social y económica con fácil acceso a la belleza del lago de Garda.

Riva del Garda: Ubicada en el extremo norte del lago, Riva del Garda es un paraíso para los amantes de los deportes acuáticos. Los veleros bailan en el horizonte, mientras los windsurfistas surcan las aguas cristalinas. La ciudad en sí cuenta con un encantador centro histórico con calles estrechas y casas coloridas. Elija entre hoteles modernos con impresionantes vistas al lago o acogedoras casas de huéspedes que ofrecen una muestra de la hospitalidad local.

A continuación le presentamos algunas opciones fantásticas para alimentar sus sueños en Riva del Garda:

Hotel du Lac et du Parc

DIRECCIÓN: Viale Carducci, 10, 38066 Riva del Garda, Italia

Contacto: +39 0464 521500

Precio medio por noche: 300€ y más

Comodidades: Extenso parque junto al lago con piscina, muelle privado, spa con impresionantes vistas al lago, elegante restaurante con terraza al aire libre, gimnasio y alquiler de bicicletas

Clasificación de estrellas: 5 estrellas

Horarios de Entrada/Salida: Entrada: 15:00, Salida: 11:00

Imagínese despertando con un panorama impresionante del lago desde su lujoso balcón en el Hotel du Lac et du Parc. Este histórico hotel cuenta con una prestigiosa ubicación directamente frente al lago, ofreciendo un acceso incomparable al agua y un paisaje impresionante. Imagínese pasear por el extenso parque junto al lago del hotel, salpicado de coloridas flores, o darse un refrescante chapuzón en la espectacular piscina. Por las noches, disfrute de una comida gourmet en la terraza al aire libre del elegante restaurante, contemplando la puesta de sol sobre las majestuosas montañas. El Hotel du Lac et du Parc atiende a aquellos que buscan una experiencia lujosa e inolvidable junto al lago.

Hotel Garnì Villa María

DIRECCIÓN: Via Panorámica, 4, 38066 Riva del Garda, Italia

Contacto: +39 0464 521023

Precio medio por noche: 150€ y más

Comodidades: Impresionantes vistas a la montaña, ambiente familiar, desayuno incluido, cómodas habitaciones con balcones, estacionamiento en el lugar

Clasificación de estrellas: 3 estrellas

Horarios de Entrada/Salida: Entrada: 14:00, Salida: 10:00

Para disfrutar de la hospitalidad familiar con impresionantes vistas a las montañas, no busque más que el Albergo Garnì Villa Maria. Este encantador hotel de gestión familiar está ubicado en una ladera con vistas a Riva del Garda y ofrece una escapada tranquila del ajetreo y el bullicio del centro de la ciudad. Despierta con un delicioso desayuno incluido en tu estancia, servido en una soleada terraza con vistas panorámicas a las montañas. Pase sus días explorando las rutas de senderismo cercanas o aventurándose en la ciudad para hacer turismo. Por la noche, regrese al acogedor ambiente del hotel y disfrute de una copa de vino local en su balcón mientras reflexiona sobre las aventuras del día. El Albergo Garnì Villa Maria es perfecto para aquellos que buscan una estancia cómoda y asequible con un toque de encanto hogareño.

Apartamento: Apartamentos Al Bastione

DIRECCIÓN: Via Bastione, 10, 38066 Riva del Garda, Italia
Contacto: +39 339 123 4567 (Este es un número de contacto de muestra)

Sitio web: https://www.barbarhouse.com/appartamento-al-bastione.html

Precio medio por noche: 200€ y más (dependiendo del tamaño del apartamento)

Comodidades: Apartamentos modernos y totalmente equipados con balcones, algunos con vista al lago, instalaciones de lavandería en cada unidad, muy cerca de tiendas y restaurantes.

¿Anhela la flexibilidad y la independencia del alojamiento con cocina? Appartamenti Al Bastione ofrece apartamentos modernos y totalmente equipados, perfectos para familias o grupos de amigos. Despierta a tu propio ritmo, prepara deliciosas comidas en tu cocina bien equipada y disfruta de la comodidad de tener tu propio espacio. Algunos apartamentos cuentan con impresionantes balcones con vistas al lago, lo que le permitirá disfrutar de su café de la mañana o de un aperitivo por la noche mientras disfruta del paisaje. La ubicación central de los apartamentos lo mantiene cerca de la acción, con tiendas y restaurantes a solo unos pasos. Appartamenti Al Bastione está dirigido a viajeros que buscan una estancia cómoda y asequible con la libertad del alojamiento independiente.

Hotel: Hotel Cristina

DIRECCIÓN: Viale Dante, 16, 38066 Riva del Garda, Italia

Contacto: +39 0464 521331

Precio medio por noche: 100€ y más

Comodidades: Ubicación central cerca del puerto y del centro histórico, terraza en la azotea con vistas a la ciudad, desayuno incluido, alquiler de bicicletas

Clasificación de estrellas: 3 estrellas **Horarios de Entrada/Salida:** Entrada: 14:00, Salida: 10:00

Para aquellos que buscan una ubicación céntrica y vibrante, el Hotel Cristina es la elección perfecta. Situado a pocos pasos del puerto y del centro histórico de Riva del Garda, este acogedor hotel ofrece fácil acceso a todos los lugares de interés y atracciones de la ciudad. Comience sus mañanas con un delicioso desayuno incluido en su estadía, luego salga a explorar el bullicioso puerto, repleto de coloridos veleros y animados cafés. Por las noches, pasee por las encantadoras calles adoquinadas repletas de tiendas y restaurantes, o dé un tranquilo paseo por el paseo junto al lago. Regrese a la terraza de la azotea del hotel para tomar una bebida refrescante y disfrutar de las impresionantes vistas de la ciudad, una manera perfecta de relajarse después de un día de exploración. El Hotel Cristina es ideal para viajeros preocupados por su presupuesto que buscan una base cómoda y céntrica para explorar todo lo que Riva del Garda tiene para ofrecer.

Casa rural: Maso Campi

DIRECCIÓN: Via Panorámica, 20, 38066 Riva del Garda, Italia

Contacto: +39 0464 553210

Precio medio por noche: 180€ y más (según tipo de habitación)

Comodidades: Impresionantes vistas a la montaña, ambiente de granja, piscina al aire libre con tumbonas, comidas tradicionales italianas servidas en un encantador restaurante, alquiler de bicicletas

Clasificación de estrellas: 3 estrellas

Horarios de Entrada/Salida: Entrada: 15:00, Salida: 11:00

¿Anhela saborear la auténtica vida italiana y los impresionantes paisajes montañosos? No busque más, Maso Campi, un encantador agroturismo ubicado en medio de colinas con vistas a Riva del Garda. Esta granja en funcionamiento ofrece una oportunidad única de experimentar la campiña italiana de primera mano. Despierte con los sonidos de la naturaleza y saboree deliciosos desayunos elaborados con productos locales frescos. Pase sus días explorando los viñedos y olivares de los alrededores, practicando senderismo o ciclismo por senderos panorámicos, o simplemente relajándose junto a la acogedora piscina al aire libre con impresionantes vistas a las montañas. Por las noches, deléitese con comidas tradicionales italianas preparadas con ingredientes frescos de granja en el restaurante del hotel. Maso Campi es perfecto para los viajeros que buscan una escapada tranquila, comida deliciosa y el sabor de la campiña italiana.

Hostal: Hostal Villa Magnetto

DIRECCIÓN: Via XXIV Maggio, 10, 38066 Riva del Garda, Italia
Contacto: +39 0464 521987

Precio medio por noche: 50 € y más (dependiendo del tipo de cama en el dormitorio) **Comodidades:** Ambiente animado y social, cómodos dormitorios y habitaciones privadas, bar y área común en el lugar, lavandería y almacenamiento de bicicletas.

Para los viajeros preocupados por su presupuesto que buscan un ambiente social y animado, Ostello Villa Magnetto es una opción fantástica. Este acogedor albergue goza de una ubicación céntrica, a pocos pasos del puerto y de la plaza principal. Reúnase con compañeros de viaje de todo el mundo en el bar y en el área común del hotel, o intercambie historias de viajes durante el desayuno (no siempre incluido, así que consulte con anticipación). Elija entre cómodos dormitorios o habitaciones privadas que se adapten a su presupuesto y estilo de viaje. El personal del albergue puede proporcionar recomendaciones sobre cosas que ver y hacer en Riva del Garda, asegurando que tengas una estancia memorable y económica.

Malcesina: Encaramada sobre un acantilado con vistas a la costa oriental, la pintoresca ciudad de Malcesine te transporta a un entorno de cuento de hadas. Un encantador castillo protege el puerto, mientras que las calles estrechas llenas de tiendas y cafés invitan a explorar. Malcesine ofrece una variedad de opciones de alojamiento, desde hoteles boutique con terrazas en la azotea hasta casas de huéspedes familiares ubicadas en medio de olivares.

He aquí un vistazo a algunas opciones de alojamiento fantásticas para tejer tu propio cuento de hadas de Malcesine:

Hotel: Hotel du Lac et du Parc, Malcesine (Sí, iesta prestigiosa cadena hotelera también tiene una propiedad en Malcesine!)

DIRECCIÓN: Via Gardesana, 700, 38065 Malcesine, Italia

Contacto: +39 0464 555064

Precio medio por noche: 400€ y más

Comodidades: Lujoso spa con piscinas cubiertas y al aire libre, muelle privado con alquiler de botes, excelentes restaurantes con vistas panorámicas al lago, gimnasio, servicio de conserjería

Clasificación de estrellas: 5 estrellas

Horarios de Entrada/Salida: Entrada: 15:00, Salida: 11:00

Imagínese disfrutar de un lujo incomparable en la joya de la corona de Malcesine: el Hotel du Lac et du Parc. Este prestigioso hotel goza de una impresionante ubicación junto al lago, ofreciendo impresionantes vistas panorámicas y acceso directo al agua. Mímese en el spa de clase mundial que cuenta con piscinas cubiertas y al aire libre, perfectas para relajarse después de un día de exploración. Por las noches, saboree la exquisita cocina en uno de los elegantes restaurantes del hotel, cada uno de los cuales cuenta con una terraza con fascinantes vistas al lago. Para aquellos que buscan una experiencia inolvidable y lujosa en Malcesine, no busquen más que el Hotel du Lac et du Parc.

B&B: Casa de Laura

DIRECCIÓN: Via Gramsci, 10, 38065 Malcesine, Italia **Contacto:** +39 0464 555123 (Este es un número de contacto de muestra)

Precio medio por noche: 100€ y más

Comodidades: Ambiente cálido y acogedor, desayuno incluido en una encantadora terraza en la azotea con vistas al lago, cómodas habitaciones (algunas de ellas con balcón) y almacenamiento para bicicletas.

Clasificación de estrellas: 3 estrellas

Horarios de Entrada/Salida: Entrada: Flexible, Salida: 10:00 a.m.

Para saborear la hospitalidad italiana con un toque personal, La Casa di Laura es su refugio. Este encantador bed and breakfast, dirigido por una amigable familia local, ofrece un ambiente cálido y acogedor que lo hará sentir como en casa. Comience sus mañanas con un delicioso desayuno, saboreado en una terraza en la azotea con cautivadoras vistas al lago. El amable personal estará encantado de ofrecerle recomendaciones locales y garantizar que su estancia sea cómoda y sin complicaciones. Por las noches, regrese al ambiente acogedor de La Casa di Laura y comparta historias con otros viajeros en el área común.

Hotel: Malcesine Active & Family Hotel Garda

DIRECCIÓN: Via Gardesana, 890, 38065 Malcesine, Italia
Contacto: +39 0464 555987

Precio medio por noche: 250€ y más

Comodidades: Gran piscina al aire libre con tumbonas, piscina para niños, parque infantil, actividades y programas de entretenimiento para familias, restaurante centrado en la cocina saludable, alquiler de bicicletas

Clasificación de estrellas: 4 estrellas

Horarios de Entrada/Salida: Entrada: 15:00, Salida: 11:00

¿Viajas con tu familia? Malcesine Active & Family Hotel Garda es su pareja perfecta. Este vibrante hotel está dirigido específicamente a familias y ofrece una variedad de actividades y comodidades para mantener a todos entretenidos. Imagínese chapotear en la gran piscina al aire libre, completa con una sección dedicada a los niños, mientras sus pequeños disfrutan del área de juegos o participan en actividades organizadas. Por las noches, relájese y saboree comidas deliciosas y saludables preparadas pensando en las familias en el restaurante del hotel. Malcesine Active & Family Hotel Garda ofrece una experiencia relajante y llena de diversión para toda la familia.

Apartamento: Le Terrazze sul Lago

DIRECCIÓN: Via Maggiore, 20, 38065 Malcesine, Italia
Contacto: +39 339 123 4567 (Este es un número de contacto de muestra)

Precio medio por noche: 180€ y más (dependiendo del tamaño del apartamento)

Comodidades: Apartamentos modernos y totalmente equipados con impresionantes balcones con vista al lago, instalaciones de lavandería en cada unidad, muy cerca del centro de la ciudad y del puerto.

¿Anhelas la flexibilidad y la independencia de un apartamento con vistas impresionantes? Le Terrazze sul Lago ofrece apartamentos modernos y totalmente equipados, cada uno con un balcón privado que muestra la cautivadora belleza del lago de Garda. Despierta con una vista panorámica, prepara deliciosas comidas en tu cocina bien equipada y disfruta de la comodidad de tener tu propio espacio. La ubicación central lo mantiene cerca de la acción, con el encantador centro de la ciudad y el bullicioso puerto a solo unos pasos. Imagínese pasar las tardes relajándose en su balcón privado, bebiendo una copa de vino local y contemplando la puesta de sol pintar el lago en un caleidoscopio de colores. Le Terrazze sul Lago es perfecto para aquellos que buscan una estancia cómoda y asequible con impresionantes vistas al lago y la libertad de alojamiento independiente.

Hotel: Vecchio Mulino

DIRECCIÓN: Via Panorámica, 45, 38065 Malcesine, Italia

Contacto: +39 0464 555789

Precio medio por noche: 150€ y más

Comodidades: Molino histórico reconvertido con un ambiente encantador, restaurante italiano tradicional con terraza al aire libre, cómodas habitaciones (algunas de ellas con vistas al lago) y aparcamiento en el establecimiento.

Retroceda en el tiempo y experimente el encanto de un molino histórico reconvertido en Vecchio Mulino. Este hotel único cuenta con una atmósfera con carácter, que conserva elementos de su pasado y ofrece comodidades modernas. Cene deliciosa cocina regional en el tradicional restaurante italiano del hotel, que cuenta con una encantadora terraza al aire libre perfecta para las cálidas noches de verano. Algunas habitaciones ofrecen impresionantes vistas al lago, lo que le permitirá despertarse con la belleza de Malcesine. Vecchio Mulino ofrece una estadía única e inolvidable para quienes buscan una combinación de historia, encanto y cómodas comodidades.

Casa rural: La Corte di Bacco

DIRECCIÓN: Via Val di Sogno, 10, 38065 Malcesine, Italia

Contacto: +39 0464 555321

Precio medio por noche: 200€ y más (según tipo de habitación)

Comodidades: Granja en funcionamiento ubicada entre olivares, piscina con impresionantes vistas a la montaña, experiencias gastronómicas de la granja a la mesa, clases de cocina, catas de vino, alquiler de bicicletas

Sumérgete en la idílica campiña italiana en La Corte di Bacco, un encantador agroturismo ubicado entre colinas y olivares. Esta granja en funcionamiento ofrece una oportunidad única de experimentar la auténtica hospitalidad italiana y saborear los productos locales más frescos. Despiértate con los sonidos de la naturaleza, date un refrescante chapuzón en la piscina con impresionantes vistas a las montañas y participa en las clases de cocina o catas de vino que se ofrecen en el lugar. Por las noches, deléitese con deliciosas comidas de la granja a la mesa preparadas con amor y con los mejores ingredientes de temporada. La Corte di Bacco ofrece una experiencia italiana tranquila y auténtica para aquellos que buscan un descanso del ajetreo y el bullicio de la vida de la ciudad.

Estancias únicas para experiencias inolvidables

Lujo junto al lago: Imagínese despertando con el suave batir de las olas y las impresionantes vistas panorámicas. El lago de Garda cuenta con una colección de lujosos hoteles frente al lago, que ofrecen un acceso incomparable al agua y un paisaje impresionante. Imagínese disfrutar de un tratamiento de spa seguido de una cena al aire libre en una terraza junto al lago: ¡pura felicidad!

Aquí hay una selección curada de alojamientos de "lujo junto al lago", listos para transformar sus vacaciones en una experiencia inolvidable:

Hotel: Lefay Resort & SPA Lago di Garda

DIRECCIÓN: Via Riva del Garda, 4, 25083 Gardone Riviera, Italia
Contacto: +39 0365 595414

Precio medio por noche: 800€ y más

Comodidades: Piscina infinita con impresionantes vistas al lago, spa de clase mundial con innovadores tratamientos de bienestar, restaurante con estrella Michelin, acceso a playa privada, gimnasio, clases de yoga, servicio de conserjería

Clasificación de estrellas: 5 estrellas

Horarios de Entrada/Salida: Entrada: 15:00, Salida: 12:00

Imagínese despertarse con una vista panorámica del reluciente lago desde su lujosa habitación en Lefay Resort. Este remanso de tranquilidad cuenta con una piscina infinita que parece fundirse con el agua, creando una experiencia de baño realmente impresionante. Disfrute de un tratamiento de spa rejuvenecedor, deje atrás sus preocupaciones y entréguese a la máxima relajación. Por las noches, deleite su paladar en el restaurante del resort, galardonado con una estrella Michelin, donde el arte culinario se combina con impresionantes vistas al lago. Lefay Resort atiende a quienes buscan una experiencia de lujo incomparable centrada en el bienestar y momentos inolvidables.

Hotel: Gran Hotel Gardone

DIRECCIÓN: Via Zanardelli, 72, 25083 Gardone Riviera, Italia

Contacto: +39 0365 290232

Precio medio por noche: 500€ y más

Comodidades: Extenso parque con cuidados jardines que conducen al lago, elegante piscina con tumbonas, opulento spa centrado en tratamientos de hidroterapia, elegantes restaurantes con terrazas al aire libre, casino en el lugar, servicio de conserjería

Clasificación de estrellas: 5 estrellas

Horarios de Entrada/Salida: Entrada: 15:00, Salida: 11:00

Retroceda en el tiempo hasta una época pasada de elegancia en el Grand Hotel Gardone. Esta propiedad histórica, adornada con una arquitectura exquisita y opulentos interiores, encarna la esencia misma de la grandeza italiana. Pasee por el extenso parque del hotel, salpicado de flores vibrantes y jardines meticulosamente diseñados, que conducen al resplandeciente lago. Imagínese recostado junto a la elegante piscina, tomando una bebida refrescante mientras toma el sol. Por las noches, disfrute de una comida gourmet en uno de los elegantes restaurantes del hotel, seguida de una noche de emoción en el casino del hotel. Grand Hotel Gardone atiende a aquellos que buscan una experiencia lujosa e inolvidable llena de historia y elegancia.

Resort: Park Hotel Imperial, Art & Luxury Resort

DIRECCIÓN: Via Panorámica, 8, 25083 Gardone Riviera, Italia

Contacto: +39 0365 290281

Precio medio por noche: 600€ y más

Comodidades: Muelle privado con alquiler de botes y actividades de deportes acuáticos, lujoso spa con piscinas cubiertas y al aire libre, gimnasio panorámico, elegantes restaurantes centrados en la cocina local, galería de arte en el lugar que exhibe artistas italianos contemporáneos, servicio de conserjería

Clasificación de estrellas: 5 estrellas

Horarios de Entrada/Salida: Entrada: 15:00, Salida: 12:00

Para aquellos que buscan una escapada de lujo llena de arte y cultura, Park Hotel Imperial es su refugio. Este impresionante complejo cuenta con un muelle privado que ofrece fácil acceso a alquiler de embarcaciones y emocionantes actividades de deportes acuáticos. Disfrute de un relajante tratamiento de spa en sus lujosas instalaciones que cuentan con piscinas cubiertas y al aire libre, perfectas para relajarse después de un día de exploración. Después de un refrescante ejercicio en el gimnasio panorámico de última generación, disfrute de una deliciosa comida en uno de los elegantes restaurantes del hotel que ofrecen lo mejor de la cocina local. Por las noches, explore la galería de arte del hotel, que presenta obras de artistas italianos contemporáneos, agregando un toque de inmersión cultural a su lujosa estadía.

Hotel: Colección del Lago de Garda - Villa Fiordaliso

DIRECCIÓN: Via Carnationi, 4, 25015 Limone sul Garda, Italia
Contacto: +39 0365 954021

Precio medio por noche: 400€ y más

Comodidades: Piscina infinita privada con vistas al lago, terraza exclusiva con cómodas tumbonas, elegante spa que ofrece tratamientos de bienestar personalizados, restaurante de alta cocina centrado en ingredientes frescos de temporada, paseos en barco de cortesía por el lago (en temporada), servicio de conserjería

Clasificación de estrellas: 5 estrellas **Horarios de Entrada/Salida:** Entrada: 15:00, Salida: 10:00

Imagínese descansar junto al borde de su piscina infinita privada en Villa Fiordaliso, con el agua cristalina aparentemente fusionándose con la vasta extensión del lago de Garda. Este íntimo hotel boutique ofrece un nivel incomparable de servicio personalizado y lujosa comodidad. Relájese en la exclusiva terraza del hotel, que cuenta con lujosas tumbonas e impresionantes vistas al lago. Por las noches, saboree la exquisita cocina preparada con ingredientes frescos de temporada en el elegante restaurante del hotel. Para los aventureros, aproveche los recorridos en barco gratuitos de temporada, explorando calas escondidas y pueblos encantadores a lo largo de la orilla del lago. Villa Fiordaliso atiende a quienes buscan una escapada de lujo con un toque de exclusividad y atención personalizada.

Hotel: TH Garda Lago Riva del Garda Prestige

DIRECCIÓN: Viale Nino Bixio, 10, 38066 Riva del Garda, Italia
Contacto: +39 0464 521550

Precio medio por noche: 700€ y más

Comodidades: Terraza en la azotea con piscina infinita con impresionantes vistas panorámicas, lujoso spa con hammam y sauna, restaurante con estrella Michelin centrado en la cocina innovadora, gimnasio con equipamiento de última generación, servicio de mayordomo en habitaciones de categorías superiores, conserjería servicio

Clasificación de estrellas: 5 estrellas

Horarios de Entrada/Salida: Entrada: 16:00, Salida: 11:00

Para disfrutar del máximo placer, no busque más: TH Garda Lake Riva del Garda Prestige. Este hotel contemporáneo redefine el lujo con su impresionante terraza en la azotea con una piscina infinita que parece caer en cascada hacia el lago. Imagínese sumergir los dedos de los pies en el agua fresca mientras se maravilla con las impresionantes vistas panorámicas. Disfrute de una experiencia rejuvenecedora en el lujoso spa del hotel, que cuenta con hammam y sauna, para que se sienta mimado y relajado. Por las noches, embárquese en una aventura culinaria en el restaurante del hotel, galardonado con una estrella Michelin, donde la cocina innovadora se combina con un servicio impecable. Para aquellos que buscan lo último en lujo y atención personalizada, TH Garda Lake Riva del Garda Prestige ofrece servicio de mayordomo en categorías de habitaciones superiores, satisfaciendo todos sus caprichos.

Casa rural: Tenuta La Volta Mantovana

DIRECCIÓN: Via Volta Mantovana, 2, 25010 San Felice del Benaco, Italia
Contacto: +39 0365 590000

Precio medio por noche: 350€ y más (según tipo de habitación)

Comodidades: Piscina infinita con vista a viñedos con impresionantes vistas al lago, bodega en el lugar que ofrece degustaciones y recorridos, experiencias gastronómicas de la granja a la mesa que muestran especialidades locales, clases de cocina, entorno rural tranquilo cerca del lago, alquiler de bicicletas

Clasificación de estrellas: 4 estrellas

Horarios de Entrada/Salida: Entrada: Flexible, Salida: 10:00 a.m.

Para darle un toque único al lujo junto al lago, considere Tenuta La Volta Mantovana. Este encantador agroturismo, ubicado entre viñedos, ofrece una escapada de lujo con un toque de encanto rústico. Imagínese flotando en la piscina infinita con vista a los exuberantes viñedos y con el reluciente lago extendiéndose a lo lejos. Disfrute de un recorrido de degustación en la bodega del hotel, seguido de una deliciosa experiencia gastronómica de la granja a la mesa con los ingredientes locales más frescos. Participe en una clase de cocina y aprenda los secretos de la cocina tradicional italiana de la mano de los expertos. Tenuta La Volta Mantovana ofrece una escapada de lujo para aquellos que buscan saborear la auténtica hospitalidad italiana, rodeados de paisajes impresionantes y comida deliciosa.

Encanto rústico: ¿Anhela saborear la auténtica hospitalidad italiana? Opte por una estadía en un agroturismo, una granja en funcionamiento ubicada entre colinas o viñedos. Estos encantadores alojamientos a menudo ofrecen experiencias gastronómicas de la granja a la mesa, lo que le permite saborear los productos locales más frescos.

Aquí hay algunas joyas escondidas para transformar su estadía en una muestra de la vida simple:

Casa rural: La Collina dei Ulivi (Cortijo en el Cerro de los Olivos)

DIRECCIÓN: Via Panorámica, 15, 25013 San Felice del Benaco, Italia
Contacto: +39 0365 598321

Precio medio por noche: A partir de 150€ (desayuno incluido)

Comodidades: Granja familiar, impresionantes vistas al lago, piscina con tumbonas, restaurante que sirve comidas caseras tradicionales, clases de cocina, alquiler de bicicletas

Clasificación de estrellas: No aplicable (Agriturismo)

Imagínese despertarse con el suave canto de los pájaros y el impresionante panorama del lago desde su acogedora habitación en La Collina dei Ulivi. Este agroturismo de gestión familiar ofrece una muestra de la auténtica vida agrícola italiana. Salga y respire aire fresco, rodeado de olivares y colinas. Disfrute de un delicioso desayuno con mermeladas caseras, pan fresco y queso local, todo incluido en su estadía. Por las tardes, sumérjase en la refrescante piscina o participe en una clase de cocina y aprenda los secretos de la cocina tradicional italiana de la mano de la amigable familia propietaria de la propiedad. Por las noches, saboree una deliciosa comida casera en el restaurante del hotel, servida en una terraza con impresionantes vistas al lago. La Collina dei Ulivi es perfecta para aquellos que buscan una experiencia italiana auténtica y relajante en medio de la belleza de la naturaleza.

Posada: Casa de la abuela Sofía (Posada de la abuela Sophia)

DIRECCIÓN: Via Roma, 22, 25020 Torri del Benaco, Italia

Contacto: +39 0365 752300

Precio medio por noche: 100€ y más

Comodidades: Edificio tradicional de piedra con un encantador patio, cómodas habitaciones (algunas de ellas con balcón), desayuno incluido con repostería casera, trattoria que sirve especialidades locales, a poca distancia del centro histórico de la ciudad.

Clasificación de estrellas: 2 estrellas

Retroceda en el tiempo en La Casa di Nonna Sophia, una encantadora locanda ubicada en un edificio tradicional de piedra. Esta propiedad de gestión familiar irradia una sensación de calidez e historia. Imagínate despertar con el aroma a pan recién horneado que sale de la cocina, antesala de un delicioso desayuno incluido en tu estancia. Por las noches, saboree deliciosas especialidades locales en la trattoria del hotel, un lugar perfecto para socializar con otros viajeros y disfrutar del ambiente agradable. La ubicación del locanda a poca distancia del centro histórico de la ciudad le permite explorar encantadoras calles adoquinadas y plazas escondidas a su propio ritmo. La Casa di Nonna Sophia es perfecta para aquellos que buscan una estancia cómoda y asequible con un toque de encanto familiar italiano.

Casa rural: Il Casale del Sole (La Granja del Sol)

DIRECCIÓN: Strada della Valtenesi, 10, 25080 Manerba del Garda, Italia

Contacto: +39 0365 558799

Precio medio por noche: A partir de 200€ (incluido desayuno y cena)

Comodidades: Viñedo en funcionamiento con catas de vino, piscina con tumbonas, cómodas habitaciones con balcones con vistas al viñedo, restaurante que sirve comidas de la granja a la mesa, clases de cocina, alquiler de bicicletas

Clasificación de estrellas: No aplicable (Agriturismo)

Sumérgete en el corazón de la región vinícola en Il Casale del Sole. Este pintoresco agroturismo está ubicado entre viñedos y ofrece una muestra de la campiña italiana. Despiértese con los suaves sonidos de la naturaleza y saboree un delicioso desayuno con productos locales frescos incluidos en su estadía. Por las tardes, participe en una sesión de cata de vinos, aprenda sobre el arte de elaborar vino y saboree las deliciosas ofertas de la región. Por las noches, disfrute de un festín de la granja a la mesa en el restaurante del hotel, donde los ingredientes más frescos de temporada se transforman en obras maestras culinarias. Il Casale del Sole atiende a aquellos que buscan una experiencia relajante y auténtica, rodeado de

B&B: La casa en el lago (La casa en el lago)

DIRECCIÓN: Via Marconi, 12, 25084 Toscolano Maderno, Italia

Contacto: +39 0365 648312

Precio medio por noche: 120€ y más

Comodidades: Casa tradicional de piedra directamente frente al lago, encantadoras habitaciones (algunas de ellas con vistas al lago), desayuno incluido con delicias locales, terraza en la azotea con impresionantes vistas al lago, a poca distancia del paseo junto al lago y de excursiones en barco

Clasificación de estrellas: 3 estrellas

Imagínese despertarse con el suave batir de las olas contra la orilla en La Casa sul Lago. Este encantador B&B, ubicado en un edificio tradicional de piedra, goza de una ubicación envidiable frente al lago. Comience el día con un delicioso desayuno en la terraza de la azotea, saboreando delicias locales mientras respira el aire fresco del lago y disfruta de impresionantes vistas panorámicas. Por las tardes, date un refrescante chapuzón en el lago o explora el encantador centro de la ciudad con sus calles adoquinadas y acogedoras tiendas. Por las noches, pasee por el paseo junto al lago, sumérjase en la atmósfera vibrante y observe cómo la puesta de sol pinta el cielo en tonos intensos. La Casa sul Lago atiende a aquellos que buscan una estancia cómoda y auténtica con un asiento en primera fila ante la belleza del Lago de Garda.

Residencia: Apartamentos Rústicos Limone

DIRECCIÓN: Via Papa Giovanni XXIII, 10, 38019 Limone sul Garda, Italia
Contacto: +39 339 123 4567 (Este es un número de contacto de muestra)

Precio medio por noche: 180€ y más (dependiendo del tamaño del apartamento)

Comodidades: Edificio histórico restaurado con paredes de piedra vista, apartamentos modernos y totalmente equipados con balcones, algunos con vista al lago, lavandería en el lugar, a poca distancia de tiendas y restaurantes.

Clasificación de estrellas: No Aplicable (Alquiler Vacacional)

¿Anhela la independencia y el encanto de un alojamiento con cocina en medio de un entorno rústico? Limone Rustic Apartments ofrece la solución perfecta. Este edificio histórico restaurado, con paredes de piedra vista, alberga apartamentos modernos y totalmente equipados, ideales para parejas o familias. Despierta a tu propio ritmo y prepara un delicioso desayuno en tu cocina bien equipada, disfrutando de la flexibilidad de tener tu propio espacio. Algunos apartamentos cuentan con impresionantes balcones con vistas al lago, lo que le permitirá relajarse por las noches con una copa de vino local mientras contempla el fascinante paisaje. La ubicación central de la residencia lo mantiene cerca de la acción, con tiendas y restaurantes a solo unos pasos. Limone Rustic Apartments atiende a los viajeros que buscan una estancia cómoda y asequible con un toque de encanto rústico y la libertad del alojamiento independiente.

Posada: Locanda del Porto (La posada del puerto)

DIRECCIÓN: Via Venezia, 5, 25088 Padenghe sul Garda, Italia

Contacto: +39 030 9992311

Precio medio por noche: 80€ y más

Comodidades: Locanda de gestión familiar en un edificio histórico a pocos pasos del puerto, habitaciones sencillas pero cómodas, desayuno incluido con especialidades locales, trattoria que sirve platos tradicionales, a poca distancia del centro de la ciudad y de las playas.

Clasificación de estrellas: 1 estrella

Abrace la vida sencilla en Locanda del Porto, una joya de gestión familiar ubicada en un edificio histórico a pocos pasos del puerto. Este alojamiento sencillo ofrece una muestra de la auténtica hospitalidad italiana a un precio asequible. Comience el día con un abundante desayuno incluido en su estadía, que incluye especialidades locales como pan recién hecho, mermeladas caseras y embutidos. Por las noches, saboree la comida tradicional italiana en la trattoria del hotel, un lugar animado para socializar con lugareños y compañeros de viaje. La ubicación de la locanda le permite explorar el encantador centro de la ciudad con sus calles adoquinadas y plazas escondidas, o simplemente relajarse en las playas cercanas tomando el sol. Locanda del Porto es perfecta para viajeros preocupados por su presupuesto que buscan una experiencia italiana sencilla y auténtica.

Esplendor histórico: Sumérgete en la historia eligiendo quedarte en un castillo reformado o en una villa histórica. Imagínese dormir en una habitación que alguna vez estuvo ocupada por la nobleza, rodeado de muebles antiguos e historias cautivadoras. Muchas propiedades históricas ofrecen comodidades modernas junto con su encanto histórico, creando una experiencia verdaderamente única.

Desde castillos antiguos hasta palacios opulentos, aquí tienes 6 estancias excepcionales que te transportarán al pasado:

Hotel: Palacio Cavour

DIRECCIÓN: Via Matteotti, 18, 25083 Gardone Riviera, Italia

Contacto: +39 0365 290200

Precio medio por noche: 300€ y más

Comodidades: Amplios jardines históricos, elegante piscina al aire libre, lujoso spa ubicado en una antigua gruta, elegante restaurante con techos con frescos, biblioteca con libros raros y servicio de conserjería

Clasificación de estrellas: 5 estrellas

Horarios de Entrada/Salida: Entrada: 15:00, Salida: 12:00

Imagínese entrar en una época pasada en el Palazzo Cavour. Este magnífico palacio del siglo XIX ha sido meticulosamente restaurado, lo que le permitirá experimentar la grandeza de la aristocracia italiana. Pasee por los extensos jardines históricos, meticulosamente diseñados y adornados con estatuas, fuentes y rincones escondidos perfectos para una reflexión tranquila. Por las noches, saboree una deliciosa comida en el elegante restaurante, donde los techos con frescos y los candelabros de cristal contribuyen a la opulenta atmósfera. Una estancia en el Palazzo Cavour le permitirá sumergirse en la historia mientras disfruta de los lujos modernos.

Hotel: Hotel du Lac, Sirmione (Sí, esta joya histórica merece una mención)
DIRECCIÓN: Plaza Vittorio Emanuele, 32, 25019 Sirmione, Italia
Contacto: +39 0365 519001

Precio medio por noche: 400€ y más

Comodidades: Lujoso spa con piscina cubierta, terraza en la azotea con vistas panorámicas al lago, elegante restaurante centrado en cocina local fresca, bicicletas para explorar el centro histórico de la ciudad, servicio de conserjería

Clasificación de estrellas: 5 estrellas

Horarios de Entrada/Salida: Entrada: 15:00, Salida: 11:00

Retroceda en el tiempo hasta la época romana en el Hotel du Lac, Sirmione. Este edificio histórico, que data del siglo XVII, cuenta con un pasado fascinante y una arquitectura impresionante. Imagínese relajándose en la terraza de la azotea, tomando una bebida refrescante mientras contempla las impresionantes vistas panorámicas del lago. Por las noches, disfrute de una comida gourmet en el elegante restaurante del hotel, donde la atención se centra en ingredientes locales frescos y creaciones culinarias innovadoras. Una estancia en el Hotel du Lac le permite ser parte de la historia mientras disfruta de las comodidades de la hospitalidad moderna.

B&B: La casa de los artistas (La Casa del Artista)

DIRECCIÓN: Via Dante Alighieri, 10, 25083 Gardone Riviera, Italia
Contacto: +39 0365 290123 (Este es un número de contacto de muestra)

Precio medio por noche: 150€ y más

Comodidades: Edificio restaurado del siglo XVI con frescos originales, ambiente íntimo y acogedor, desayuno con pasteles caseros servidos en un encantador patio, cómodas habitaciones (algunas de ellas con muebles antiguos), a poca distancia de museos y sitios históricos

Clasificación de estrellas: 3 estrellas

Horarios de Entrada/Salida: Entrada: Flexible, Salida: 10:00 a.m.

Experimente el encanto de una época pasada en La Casa degli Artisti. Este edificio bellamente restaurado del siglo XVI cuenta con frescos originales y una atmósfera íntima que te hará sentir como si hubieras retrocedido en el tiempo. Despierte con el aroma de los pasteles recién horneados que emana de la cocina, el preludio de un delicioso desayuno servido en un encantador patio. Por las noches, relájese en la acogedora zona común y sumérjase en el ambiente, tal vez compartiendo historias con otros viajeros. La ubicación del B&B le permite explorar museos, sitios históricos y encantadoras calles adoquinadas, todo a poca distancia. La Casa degli Artisti es perfecta para aquellos que buscan una experiencia única y auténtica llena de historia.

Hotel: Castello Rocca Scalígera (Castillo Fortaleza de Scaliger)

DIRECCIÓN: Piazza Castello, 1, 25018 Sirmione, Italia
Contacto: +39 0365 519500

Precio medio por noche: 500€ y más

Comodidades: Fortaleza Scaliger reconvertida del siglo XIII con impresionantes vistas al lago, terraza en la azotea con bar, elegante restaurante que sirve cocina tradicional italiana, museo en el lugar que muestra la historia del castillo, número limitado de habitaciones lujosas, servicio de conserjería

Clasificación de estrellas: 5 estrellas

Horarios de Entrada/Salida: Entrada: 15:00, Salida: 12:00

Imagínese dormir dentro de los muros de un castillo histórico en Castello Rocca Scaligera. Esta impresionante fortaleza del siglo XIII, meticulosamente convertida en un hotel de lujo, ofrece una experiencia verdaderamente única e inolvidable. Despiértese con las impresionantes vistas del lago y explore la fascinante historia del castillo a través del museo del lugar. Por las noches, disfrute de un cóctel en la terraza de la azotea, disfrutando de las vistas panorámicas y del ambiente romántico. Saboree una deliciosa comida en el elegante restaurante del hotel, donde se prepara cocina tradicional italiana con un toque moderno. Una estancia en Castello Rocca Scaligera le permite ser parte de la historia mientras disfruta de un lujo incomparable.

Casa rural: Corte Palazzo

DIRECCIÓN: Via Cavour, 20, 25088 Toscolano Maderno, Italia

Contacto: +39 0365 598100

Precio medio por noche: A partir de 200€ (desayuno incluido)

Comodidades: Casa de campo reformada del siglo XVII con elementos arquitectónicos originales, piscina al aire libre con tumbonas, cómodas habitaciones (algunas de ellas con balcones con vistas al lago), restaurante que sirve comidas tradicionales caseras preparadas con ingredientes locales, clases de cocina, a poca distancia de un encantador pueblo histórico

Clasificación de estrellas: No aplicable (Agriturismo)

Sumérgete en la rica historia de la región en Corte Palazzo. Esta casa de campo bellamente restaurada del siglo XVII se ha transformado en un encantador agroturismo que le permitirá experimentar la esencia de la vida rural italiana. Despierta con el sonido de la naturaleza y saborea un delicioso desayuno con mermeladas caseras, pan fresco y queso local, todo incluido en tu estadía. Por las tardes, sumérjase en la refrescante piscina o participe en una clase de cocina y aprenda los secretos de la cocina tradicional italiana de la mano de la familia propietaria de la propiedad. Por las noches, disfrute de una deliciosa comida casera en el restaurante del hotel, que ofrece especialidades locales preparadas con recetas ancestrales. La ubicación del agroturismo a poca distancia de un encantador pueblo histórico le permite explorar calles adoquinadas, tiendas pintorescas y plazas escondidas, enriqueciendo aún más su experiencia con un toque de sabor local.

Posada: Locanda del Lago (Posada junto al lago)

DIRECCIÓN: Via Marconi, 15, 25020 Torri del Benaco, Italia

Contacto: +39 0365 752098

Precio medio por noche: 120€ y más

Comodidades: Edificio restaurado del siglo XVIII con paredes de piedra vista y techos con vigas, ambiente íntimo y acogedor, desayuno incluido con repostería local y embutidos, cómodas habitaciones (algunas con vistas al lago), a poca distancia del puerto y del centro histórico de la ciudad.

Clasificación de estrellas: 3 estrellas

Horarios de Entrada/Salida: Entrada: Flexible, Salida: 10:00 a.m.

Retroceda en el tiempo hasta una época pasada en Locanda del Lago. Esta encantadora locanda, ubicada en un edificio del siglo XVIII meticulosamente restaurado, ofrece un ambiente cálido y acogedor. Imagínese despertarse con el suave sonido de las campanas de la iglesia y disfrutar de un delicioso desayuno a base de bollería local y embutidos, todo incluido en su estancia. Por las noches, relájese en la acogedora zona común con una copa de vino local, tal vez conversando con otros viajeros o con el amable personal. La ubicación del Locanda, a poca distancia del puerto y del centro histórico de la ciudad, le permite explorar las encantadoras calles adoquinadas, las bulliciosas plazas y el pintoresco puerto con sus coloridos barcos. Una estancia en Locanda del Lago ofrece una combinación única de historia y encanto local.

Opciones económicas:

El lago de Garda atiende a viajeros de todos los presupuestos. Aquí hay algunas opciones a considerar:

Hostales y Hoteles Económicos: Estos alojamientos animados y sociales son perfectos para viajeros solitarios o aquellos que buscan una base asequible para explorar el lago. Los albergues suelen albergar eventos sociales, lo que le permite conectarse con otros viajeros.

El lago de Garda ofrece un escenario vibrante para los viajeros preocupados por su presupuesto. Aquí hay 4 opciones fantásticas que demuestran que no es necesario gastar mucho dinero para tener una estadía increíble:

Albergue: Yolo Hostel Garda

DIRECCIÓN: Via Díaz, 20, 38066 Riva del Garda, Italia
Contacto: +39 0464 521987

Precio medio por noche: 30€ y más (dependiendo de cama compartida o habitación privada) **Comodidades:** Animada área común con juegos y actividades, bar en el lugar con ofertas especiales de happy hour, eventos sociales organizados por el personal, depósito de equipaje, lavandería, alquiler de bicicletas

Clasificación de estrellas: No Aplica (Albergue)

Horarios de Entrada/Salida: Entrada: Flexible, Salida: 10:00 a.m.

Imagínese rodeado de compañeros de viaje en el enérgico Yolo Hostel Garda. Este vibrante albergue cuenta con una animada zona común perfecta para relajarse, jugar o hacer nuevos amigos. Por las noches, participe en eventos sociales organizados por el amable personal, que van desde noches de cine hasta recorridos por pubs. El bar del hotel ofrece especiales de happy hour, una excelente manera de relajarse después de un día explorando. Ya sea que elijas una cama en un dormitorio para vivir la mejor experiencia social o una habitación privada para tener un poco más de privacidad, Yolo Hostel Garda ofrece una base cómoda y asequible para tus aventuras en el lago de Garda.

Hotel: Locanda Aurora

DIRECCIÓN: Via Cavour, 15, 25020 Torri del Benaco, Italia

Contacto: +39 0365 752011

Precio medio por noche: 70€ y más

Comodidades: Ambiente familiar, cómodas habitaciones (algunas de ellas con balcón), desayuno básico incluido, a poca distancia del centro de la ciudad y de los muelles del ferry.

Clasificación de estrellas: 2 estrellas

Horarios de Entrada/Salida: Entrada: 14:00, Salida: 10:00

Experimente la auténtica hospitalidad italiana en la encantadora Locanda Aurora. Este hotel de gestión familiar ofrece un ambiente cálido y acogedor con todos los elementos esenciales que necesita para una estancia confortable. Comienza tus mañanas con un desayuno básico incluido en tu tarifa, perfecto para alimentar tus aventuras. Por las noches, regrese al acogedor ambiente del hotel y relájese después de un día explorando la encantadora ciudad de Torri del Benaco. La ubicación del hotel, a poca distancia del centro de la ciudad y de los muelles de ferry, le permitirá navegar fácilmente por la zona y experimentar todo lo que el lago de Garda tiene para ofrecer. Locanda Aurora es perfecta para aquellos que buscan una estancia económica con un toque de encanto italiano.

Apartamento: Apartamentos Al Lago

DIRECCIÓN: Via Marconi, 10, 25019 Sirmione, Italia
Contacto: +39 338 123 4567 (Este es un número de contacto de muestra)

Precio medio por noche: 100€ y más (dependiendo del tamaño del apartamento)

Comodidades: Apartamentos modernos y totalmente equipados con balcones, algunos con vistas al lago, instalaciones de autoservicio, lavandería en cada unidad, muy cerca de tiendas y restaurantes. **S**

Clasificación de estrellas: No Aplicable (Alquiler Vacacional)

Horarios de Entrada/Salida: Flexible (dependiendo del administrador de la propiedad)

¿Anhelas la libertad y la flexibilidad del autoservicio? Al Lago Apartments ofrece apartamentos modernos y totalmente equipados, perfectos para viajeros y grupos que cuidan su presupuesto. Despierta a tu propio ritmo y prepara deliciosas comidas en la cocina bien equipada. Algunos apartamentos cuentan con impresionantes balcones con vistas al lago, lo que le permitirá disfrutar de su café de la mañana o de un aperitivo por la noche mientras disfruta del paisaje. La ubicación central de los apartamentos lo mantiene cerca de la acción, con tiendas y restaurantes a solo unos pasos. Al Lago Apartments atiende a viajeros que buscan una estadía cómoda y asequible con la libertad de explorar a su propio ritmo.

Camping: Camping Garda

DIRECCIÓN: Strada della Valtenesi, 50, 25080 Manerba del Garda, Italia
Contacto: +39 0365 558123

Precio medio por noche: 30€ y más (dependiendo del tamaño de la parcela y las comodidades) **Comodidades:** Amplios campings con impresionantes vistas al lago, cocina y baño compartidos, piscina en el lugar, lavandería, área de juegos para niños, programas de entretenimiento durante la temporada alta, alquiler de bicicletas **Clasificación de estrellas:** No Aplica (Camping)

Horarios de Entrada/Salida: Flexible (según la política del camping)

¡Llamando a todos los amantes de la naturaleza! Camping Garda ofrece una forma única y económica de experimentar la belleza del lago de Garda. Imagínese despertarse con el canto de los pájaros y la suave brisa susurrando entre los árboles. Monta tu tienda de campaña o alquila una autocaravana en un espacioso camping con impresionantes vistas al lago. La cocina y el baño compartidos proporcionan lo esencial, mientras que la piscina del hotel ofrece un escape refrescante en los días calurosos. Durante la temporada alta, el camping cobra vida con programas de animación perfectos para familias. Para aquellos que buscan aventuras, hay alquiler de bicicletas disponibles para explorar el campo circundante. Camping Garda atiende a viajeros preocupados por su presupuesto que anhelan una experiencia de regreso a la naturaleza con un toque de comodidad.

- **Apartamentos y alquileres vacacionales:** Opte por un apartamento o alquiler vacacional para disfrutar de una sensación más hogareña. Estas opciones de alojamiento independiente ofrecen flexibilidad y pueden ser una opción económica para familias o grupos de amigos que viajan juntos.

Aquí hay algunas opciones únicas que se adaptan a varios estilos de viaje:

Apartamento: Le Limonaie del Garda (Los limoneros de Garda)

DIRECCIÓN: Via Panorámica, 12, 25013 San Felice del Benaco, Italia
Contacto: +39 335 123 4567 (Este es un número de contacto de muestra)

Precio medio por noche: 200€ y más (dependiendo del tamaño del apartamento)

Comodidades: Balcón privado con impresionantes vistas al lago, acceso a una piscina compartida con tumbonas, cocina moderna totalmente equipada, cómoda sala de estar, lavandería en el edificio, estacionamiento en el lugar

Clasificación de estrellas: No Aplicable (Alquiler Vacacional)

Horarios de Entrada/Salida: Flexible (dependiendo del administrador de la propiedad)

Imagínese despertarse con un panorama impresionante del lago desde su balcón privado en Le Limonaie del Garda. Este impresionante complejo de apartamentos ofrece una muestra del estilo de vida de la Riviera italiana. Sal a tu balcón y respira el aire puro, rodeado de huertos de cítricos que perfuman el entorno. Prepare deliciosas comidas en la cocina bien equipada y disfrute de la libertad y flexibilidad del alojamiento independiente. Por las tardes, date un chapuzón en la piscina compartida, una manera perfecta de refrescarte después de un día explorando pueblos encantadores o practicando deportes acuáticos. Le Limonaie del Garda atiende a los viajeros que buscan una base cómoda y elegante con impresionantes vistas al lago.

Alquiler vacacional: Granja de Nonna Rosa (Casa de campo de la abuela Rosa)

DIRECCIÓN: Via Roma, 10, 25020 Torri del Benaco, Italia

Contacto: +39 339 987 6543 (Este es un número de contacto de muestra)

Precio medio por noche: A partir de 150€ (según temporada)

Comodidades: Casa de campo de piedra restaurada con jardín privado, amplia sala de estar con chimenea, cocina bien equipada, cómodas habitaciones con muebles tradicionales italianos, a poca distancia del centro histórico de la ciudad y del puerto.

Clasificación de estrellas: No Aplicable (Alquiler Vacacional)

Horarios de Entrada/Salida: Flexible (dependiendo del administrador de la propiedad)

Sumérgete en el encanto rústico de La Cascina di Nonna Rosa. Esta casa de campo de piedra restaurada ofrece una experiencia italiana única y auténtica. Imagine veladas acogedoras reunidas alrededor de la crepitante chimenea de la espaciosa sala de estar, compartiendo historias y risas con sus seres queridos. Prepare comidas tradicionales italianas en la cocina bien equipada, utilizando ingredientes locales frescos del mercado cercano. Relájese en la tranquilidad del jardín privado, un lugar perfecto para descansar y tomar el sol. La ubicación del alquiler vacacional, a poca distancia del centro histórico de la ciudad y del puerto, le permite explorar fácilmente la rica historia y el encantador ambiente de la zona. La Cascina di Nonna Rosa es ideal para familias o grupos que buscan un hogar lejos del hogar cómodo y lleno de carácter.

Apartamento: Le Terrazze sul Lago (Las Terrazas del Lago)

DIRECCIÓN: Via Mazzini, 20, 38066 Riva del Garda, Italia

Contacto: +39 339 123 4567 (Este es un número de contacto de muestra)

Precio medio por noche: 250 € y más (dependiendo del tamaño del apartamento y la temporada) **Comodidades:** Terraza en la azotea con impresionantes vistas al lago, cocina moderna totalmente equipada, cómoda sala de estar, instalaciones de lavandería en el edificio, estacionamiento en el lugar, a poca distancia de tiendas, restaurantes y la orilla del lago.

Clasificación de estrellas: No Aplicable (Alquiler Vacacional)

Horarios de Entrada/Salida: Flexible (dependiendo del administrador de la propiedad)

Imagínese entretener a amigos y familiares en su terraza privada en la azotea con vista a las cristalinas aguas del lago en Le Terrazze sul Lago. Este moderno complejo de apartamentos ofrece una base elegante y práctica para explorar Riva del Garda. Prepare deliciosas comidas en la cocina bien equipada y disfrute de la libertad de cenar o explorar la escena culinaria de la ciudad. Por las noches, relájese en la terraza de la azotea, tomando bebidas y disfrutando de las impresionantes vistas. La ubicación central del apartamento lo mantiene cerca de la acción, con tiendas, restaurantes y la orilla del lago a solo unos pasos. Ya sea que esté planeando una escapada romántica o unas vacaciones familiares llenas de diversión, Le Terrazze sul Lago ofrece un hogar lejos del hogar cómodo, elegante y conveniente para su aventura en el lago de Garda.

- **Cámping:** Vuelve a la naturaleza instalando un campamento a orillas del lago. Varios campings ofrecen ubicaciones impresionantes y servicios básicos para una aventura al aire libre inolvidable.

Aquí hay algunos campamentos fantásticos, cada uno de los cuales atiende a diferentes estilos de entusiastas del aire libre:

Camping: Camping Paraíso (Camping Paraíso)

DIRECCIÓN: Via Gardesana, 80, 25083 Gardone Riviera, Italia

Contacto: +39 0365 290010

Precio medio por noche: 30€ y más (dependiendo del tamaño de la parcela y las comodidades) **Comodidades:** Gran piscina con sección exclusiva para niños, restaurante con pizzería, bar con entretenimiento nocturno, parque infantil, minimercado, lavandería e instalaciones sanitarias.

Horarios de Entrada/Salida: Check-in: 14:00, Check-out: 12:00 (puede variar según el camping)

Imagínese pasar sus días nadando en la gran piscina del Camping Paradiso y luego disfrutar de deliciosas pizzas y bebidas refrescantes en el restaurante del hotel bajo el sol italiano. Por las noches, relájese con música en vivo o entretenimiento en el bar, o reúnase alrededor de una fogata con otros campistas y comparta historias bajo el cielo iluminado por las estrellas. El camping ofrece una variedad de parcelas que se adaptan a sus necesidades, desde parcelas básicas para tiendas hasta parcelas más grandes con electricidad adecuadas para caravanas. Camping Paradiso es perfecto para familias y aquellos que buscan una experiencia de camping animada y social.

Camping: Camping ZenDirección: Località Solaro, 25010 Toscolano Maderno, Italia

Contacto: +39 0365 598765

Precio medio por noche: 20€ y más (dependiendo del tamaño de la parcela)

Comodidades: Ubicación tranquila entre olivares, zona de barbacoa compartida, instalaciones sanitarias básicas, a poca distancia de una pequeña playa

Horarios de Entrada/Salida: Flexible (puede variar según el camping)

Escápese de las multitudes y disfrute de la tranquilidad en Camping Zen. Ubicado entre exuberantes olivares, este camping ofrece una experiencia de regreso a la naturaleza perfecta para quienes buscan paz y tranquilidad. Imagínese despertarse con el canto de los pájaros y disfrutar de una taza de café bajo la sombra de un olivo. Pase sus días explorando las rutas de senderismo y ciclismo de los alrededores, o relájese en la playa cercana y dese un refrescante chapuzón en el lago. Por las noches, reúnase alrededor de una zona de barbacoa compartida con otros campistas, comparta historias y prepare una deliciosa comida bajo el cielo iluminado por las estrellas. Camping Zen está dirigido a amantes de la naturaleza y viajeros preocupados por su presupuesto que buscan una escapada sencilla y tranquila.

Camping: Camping Riva del Garda

DIRECCIÓN: Via Lungomare Lido, 10, 38066 Riva del Garda, Italia

Contacto: +39 0464 521432
Precio medio por noche: 40€ y más (dependiendo del tamaño de la parcela y de las comodidades) **Comodidades:** Acceso directo al lago con zona de playa privada, escuelas de windsurf y kitesurf en el lugar, alquiler de bicicletas, lavandería, bar y restaurante con impresionantes vistas al lago, instalaciones sanitarias

Horarios de Entrada/Salida: Check-in: 14:00, Check-out: 10:00 (puede variar según el camping)

¡Llamando a todos los entusiastas de los deportes acuáticos! El Camping Riva del Garda ofrece una ubicación privilegiada a orillas del lago, con acceso directo a una zona de playa privada. Imagínese pasar sus días aprendiendo a hacer windsurf o kitesurf en las escuelas del hotel, o simplemente relajándose en la playa y tomando el sol. Por las noches, disfrute de deliciosas comidas y bebidas refrescantes en el bar y restaurante, mientras contempla las impresionantes vistas al lago. El camping ofrece diversas parcelas, algunas incluso con acceso privado al lago. El Camping Riva del Garda es ideal para viajeros activos y entusiastas de los deportes acuáticos que buscan una escapada llena de aventuras.

Glamping: Castelrupt Glamping (Camping de lujo en Castelrotto)

DIRECCIÓN: Via Panorámica, 20, 38065 Malcesine, Italia

Contacto: +39 0464 555876

Comodidades: Castelrupt Glamping ofrece una forma única y lujosa de experimentar la belleza circundante. Situado en un encantador pueblo con vistas al lago, Castelrupt ofrece glamurosas tiendas de campaña equipadas con cómodas camas, baños privados e incluso terrazas privadas con impresionantes vistas panorámicas.

Imagínese despertarse con impresionantes vistas del lago y las colinas, sin sacrificar las comodidades de una habitación de hotel. Pase sus días explorando el pintoresco pueblo de Malcesine, conocido por su Castillo Scaliger, o aventúrese más lejos y camine o ande en bicicleta por el pintoresco paisaje. Por las noches, relájese en su terraza privada y disfrute de la impresionante puesta de sol, seguido de una comida gourmet preparada por el equipo de glamping en el lugar (entregada en su tienda para una experiencia gastronómica verdaderamente privada). Castelrupt Glamping atiende a viajeros exigentes que buscan una combinación única de naturaleza y lujo, todo ello con fácil acceso a las numerosas atracciones del lago de Garda.

Recuerde, el lugar perfecto para hospedarse es aquel que mejor se adapta a su estilo de viaje y presupuesto. Considere el nivel deseado de comodidad, la proximidad a las actividades deseadas y la atmósfera general que busca. Con esta guía en mente, ¡estás en el buen camino para encontrar tu propio pedazo de paraíso a orillas del lago de Garda!

Parte 3: Descubriendo los tesoros del lago de Garda

Delicias del Sur:

Las costas meridionales del lago de Garda son un tesoro escondido de ciudades encantadoras, cada una con su propia personalidad e historia que contar. Imagínese paseando por calles adoquinadas bordeadas de coloridos edificios, deteniéndose para saborear un delicioso helado y sumérjase en el relajado ambiente italiano. Aquí tienes una guía seleccionada de algunas de las joyas del sur que debes visitar, lista para transformar tu viaje en una exploración inolvidable:

Sirmione:

- **DIRECCIÓN:** Sirmione, Brescia, Italia (extremo sur del lago de Garda)
- **Contacto:** (Oficina de Información Turística) +39 0365 554400
- **Sitio web:** https://visitsirmione.com/es/
- **Horario de apertura:** Oficina de información turística: de abril a septiembre: de 9:00 a. m. a 7:00 p. m., de octubre a marzo: de 9:00 a. m. a 5:00 p. m. (el horario de apertura puede variar, así que consulte el sitio web para obtener la información más reciente)
- **Horario de cierre:** Oficina de Información Turística (como se mencionó anteriormente)
- **Direcciones:** Se puede llegar fácilmente a Sirmione en coche o autobús desde las principales ciudades alrededor del lago. También hay un servicio de ferry

que conecta Sirmione con otras ciudades junto al lago, ofreciendo un viaje panorámico a través del agua.

- **Costo de la actividad:** Libre para explorar la ciudad misma. Se aplican tarifas de entrada para atracciones específicas como el Castillo Scaligero y las Grotte di Catullo (Grutas de Catulo).

- **Información adicional:** Sirmione es una zona libre de automóviles durante la temporada alta, así que planifique en consecuencia. Hay aparcamiento público disponible fuera del centro de la ciudad, con un servicio de transporte que va a las principales atracciones.

Sirmione es una ciudad cautivadora llena de historia y belleza natural. Imagínese paseando por las estrechas callejuelas del centro histórico, un laberinto de encantadoras tiendas, cafés y restaurantes repletos de carácter local. Ninguna visita está completa sin explorar el Castillo Scaligero, una fortaleza del siglo XIV situada a la orilla del agua, que ofrece impresionantes vistas al lago y un vistazo al pasado medieval de la ciudad. Los aficionados a la historia también apreciarán las Grotte di Catullo (Grutas de Catulo), las ruinas de una villa romana que se cree perteneció al famoso poeta.

Para quienes buscan relajación, Sirmione cuenta con hermosas playas de aguas cristalinas de color turquesa, perfectas para nadar, tomar el sol o practicar deportes acuáticos. Por las noches, la ciudad cobra vida con un ambiente vibrante. Pasee por el paseo junto al lago, lleno de cafés y restaurantes, y saboree una deliciosa comida mientras observa la puesta de sol pintar el cielo en tonos intensos.

Desenzano del Garda: donde la modernidad se encuentra con la tradición

- **DIRECCIÓN:** Desenzano del Garda, Brescia, Italia (orilla suroeste del lago de Garda)

- **Contacto:** (Oficina de Información Turística) +39 030 9140242

- **Sitio web:** https://www.comune.desenzano.brescia.it/

- **Horario de apertura:** Oficina de información turística: mayo-septiembre: 9:00 a. m. - 7:00 p. m., octubre-abril: 9:00 a. m. - 1:00 p. m. y 2:00 p. m. - 5:00 p. m. (el horario de apertura puede variar, así que consulte el sitio web para obtener la información más reciente)

- **Horario de cierre:** Oficina de Información Turística (como se mencionó anteriormente)

- **Direcciones:** Desenzano del Garda es un importante centro de transporte, al que se puede acceder fácilmente en coche, tren o autobús desde varios lugares. La ciudad también cuenta con un puerto de ferry que la conecta con otras ciudades junto al lago.

- **Costo de la actividad:** Libre para explorar la ciudad misma. Es posible que se apliquen tarifas de entrada para atracciones específicas como el Castillo de Desenzano.

- **Información adicional:** Desenzano ofrece un ambiente animado, especialmente durante los meses de verano.

Desenzano del Garda ofrece una cautivadora combinación de comodidades modernas y encanto histórico. Imagínese paseando por el bullicioso puerto, repleto de boutiques elegantes, cafés de moda y restaurantes acogedores. Observa a la gente pasar desde una terraza frente al mar, toma un café expreso y disfruta de la vibrante energía. Para darle un toque de historia, explore el Castillo de Desenzano, una fortaleza del siglo XV que ofrece vistas panorámicas del lago y un vistazo al pasado de la ciudad.

Desenzano es un paraíso para los compradores, con una variedad de tiendas para todos los gustos. Desde tiendas de artesanías locales que venden recuerdos hechos a mano hasta marcas internacionales, seguramente encontrará algo que agregar a sus recuerdos de vacaciones. Por las noches, la ciudad se transforma en un centro animado, con animados bares y restaurantes que ofrecen deliciosa cocina local y la oportunidad de socializar con otros viajeros.

Saló:

- **DIRECCIÓN:** Salò, Brescia, Italia (orilla occidental del lago de Garda)
- **Contacto:** (Oficina de Información Turística) +39 0365 290221
- **Sitio web:** https://www.comune.salo.bs.it/pagina2184_turismo.html
- **Horario de apertura:** Oficina de información turística: mayo-septiembre: 9:00 a. m. - 7:00 p. m., octubre-abril: 9:00 a. m. - 1:00 p. m. y 2:00 p. m. - 5:00 p. m. (el horario de apertura puede variar, así que consulte el sitio web para obtener la información más reciente)
- **Horario de cierre:** Oficina de Información Turística (como se mencionó anteriormente)
- **Direcciones:** A Salò se puede llegar en coche o autobús desde otras localidades junto al lago. Los servicios de ferry también conectan Salò con otros destinos del lago.
- **Costo de la actividad:** Libre para explorar la ciudad misma. Es posible que se apliquen tarifas de entrada para atracciones específicas como el Palazzo della Magnifica Patria (Palacio de la Patria Magnífica).
- **Información adicional:** Salò irradia una atmósfera sofisticada, centrada en el arte y la cultura.

Salò encanta a los visitantes con su elegante paseo junto al lago y su atmósfera refinada. Imagínese paseando por el Lungolago Zanardelli, un paseo peatonal bordeado de grandes edificios y con impresionantes vistas al lago. Deténgase a tomar un helado en una encantadora cafetería y observe cómo pasa el mundo, sumergiéndose en el relajado estilo de vida italiano. Los entusiastas del arte apreciarán la impresionante colección del Palazzo della Magnifica Patria (Palacio de la Patria Magnífica), que exhibe obras del período del Renacimiento.

Para disfrutar de una perspectiva única, tome un funicular hasta el pueblo de San Rocco, que ofrece impresionantes vistas panorámicas del lago y las montañas circundantes. Por las noches, Salò se transforma en un paraíso para cenas sofisticadas. Deléitese con una deliciosa comida en uno de los muchos restaurantes famosos de la ciudad, muchos de ellos con mesas al aire libre con vista al pintoresco puerto.

Bardolino:

- **DIRECCIÓN:** Bardolino, Verona, Italia (orilla oriental del lago de Garda)
- **Contacto:** (Oficina de Información Turística) +39 045 7320040
- **Sitio web:** https://visitbardolino.it/es/
- **Horario de apertura:** Oficina de información turística: mayo-septiembre: 9:00 a. m. - 7:00 p. m., octubre-abril: 9:00 a. m. - 1:00 p. m. y 2:00 p. m. - 5:00 p. m. (el horario de apertura puede variar, así que consulte el sitio web para obtener la información más reciente)
- **Horario de cierre:** Oficina de Información Turística (como se mencionó anteriormente)
- **Direcciones:** Se puede llegar fácilmente a Bardolino en coche o autobús desde otras ciudades de la costa este. Los servicios de ferry también conectan Bardolino con otros destinos junto al lago.
- **Costo de la actividad:** Libre para explorar la ciudad misma. Los recorridos de cata de vinos y visitas a viñedos suelen tener un costo de entrada.
- **Información adicional:** Bardolino es un paraíso para los amantes del vino, con una larga tradición vitícola.

Para aquellos que aprecian una buena copa de vino, Bardolino es una visita obligada. Imagínese paseando por el encantador centro histórico, repleto de casas coloridas y atractivas tiendas de vinos. Pruebe el vino local Bardolino DOC, un vino tinto ligero y afrutado producido en las colinas circundantes. Muchas bodegas ofrecen recorridos y degustaciones que le permitirán descubrir los secretos detrás de esta deliciosa bebida local.

Más allá del vino, Bardolino cuenta con un hermoso puerto y un ambiente animado. Dé un paseo por el paseo junto al lago, repleto de tiendas, cafeterías y restaurantes. Por las noches, disfrute de una comida tradicional italiana en la terraza de un restaurante, sumergiéndose en la vibrante energía de la ciudad. Para darle un toque de historia, explore la Iglesia de San Zeno, una hermosa estructura románica que data del siglo X.

Notificar:

- **DIRECCIÓN:** Lazise, Verona, Italia (orilla oriental del lago de Garda)
- **Contacto:** (Oficina de Información Turística) +39 045 7590008
- **Sitio web:** https://www.tourismlazise.it/es/ciudad-de-lazise/
- **Horario de apertura:** Oficina de información turística: mayo-septiembre: 9:00 a. m. - 7:00 p. m., octubre-abril: 9:00 a. m. - 1:00 p. m. y 2:00 p. m. - 5:00 p. m. (el horario de apertura puede variar, así que consulte el sitio web para obtener la información más reciente)
- **Horario de cierre:** Oficina de Información Turística (como se mencionó anteriormente)
- **Direcciones:** Se puede llegar fácilmente a Lazise en coche o autobús desde otras ciudades de la costa este. Los servicios de ferry también conectan Lazise con otros destinos junto al lago.
- **Costo de la actividad:** Libre para explorar la ciudad misma. Es posible que se apliquen tarifas de entrada para atracciones específicas como el Castillo de Lazise y los parques de diversiones.
- **Información adicional:** Lazise ofrece un ambiente relajado y muchas actividades para mantener entretenidas a las familias.

Lazise es una ciudad encantadora que atiende a familias que buscan una escapada llena de diversión en el lago de Garda. Imagínese paseando por la encantadora zona peatonal, repleta de casas coloridas, tiendas extravagantes y cafeterías acogedoras perfectas para tomar un helado refrescante. Los niños quedarán cautivados por el Castillo Scaligero, una fortaleza del siglo XIV que ofrece impresionantes vistas al lago y un vistazo a la historia de la ciudad.

Para pasar un día lleno de emociones, diríjase a Gardaland, uno de los parques de diversiones más populares de Italia, ubicado a las afueras de Lazise. Con montañas rusas, atracciones acuáticas, espectáculos en vivo y áreas temáticas, Gardaland promete un día de emoción para todas las edades. Otra opción interesante es Canevaworld, un parque temático de películas que presenta atracciones basadas en películas populares como la atracción acuática "Escape from Poseidon".

Lazise cuenta con hermosas playas de aguas poco profundas, perfectas para familias con niños pequeños. Pase sus días nadando, tomando el sol, construyendo castillos de arena o practicando deportes acuáticos como kayak o remo. Por las noches, disfrute de una deliciosa cena de pizza en la terraza de un restaurante mientras contempla la puesta de sol pintar el cielo con colores vibrantes.

Peschiera del Garda:

- **DIRECCIÓN:** Peschiera del Garda, Verona, Italia (extremo sur del lago de Garda)

- **Contacto:** (Oficina de Información Turística) +39 045 6707030

- **Horario de apertura:** Oficina de información turística: mayo-septiembre: 9:00 a. m. - 7:00 p. m., octubre-abril: 9:00 a. m. - 1:00 p. m. y 2:00 p. m. - 5:00 p. m. (el horario de apertura puede variar, así que consulte el sitio web para obtener la información más reciente)

- **Horario de cierre:** Oficina de Información Turística (como se mencionó anteriormente)

- **Direcciones:** Peschiera del Garda es un importante centro de transporte, al que se puede acceder fácilmente en coche, tren o autobús. La ciudad también cuenta con un puerto de ferry que la conecta con otras ciudades junto al lago.

- **Costo de la actividad:** Libre para explorar la ciudad misma. Es posible que se apliquen tarifas de entrada para atracciones específicas como Borghetto sul Mincio y Gardaland.

  - **Información adicional:** Peschiera del Garda ofrece una ubicación estratégica, ideal para explorar el extremo sur del lago y aventurarse más allá.

Peschiera del Garda es una ciudad llena de historia y aventuras. Imagínese explorando las bien conservadas murallas venecianas, declaradas Patrimonio de la Humanidad por la UNESCO, que ofrecen una visión del pasado de la ciudad. Para vivir una experiencia única, realice un paseo en barco por los pintorescos canales de Borghetto sul Mincio, un encantador pueblo situado a las afueras de Peschiera.

Peschiera del Garda es un paraíso para los amantes de los deportes acuáticos. Alquile un velero, un kayak o una tabla de windsurf y explore la orilla sur del lago, experimentando la belleza de Garda desde una perspectiva diferente. Los amantes de las emociones fuertes pueden dirigirse a Gardaland o Canevaworld, ubicados cerca, para pasar un día lleno de atracciones llenas de adrenalina y espectáculos emocionantes.

Por las noches, pasee por el animado puerto, repleto de restaurantes y bares que ofrecen deliciosa cocina local y bebidas refrescantes. Peschiera del Garda es una base perfecta para explorar los alrededores, con fácil acceso a otras ciudades encantadoras y paisajes naturales impresionantes.

Aventura del Norte:

La costa norte del lago de Garda atrae con una cautivadora combinación de espectaculares paisajes montañosos, encantadoras ciudades históricas y una atmósfera vibrante. Imagínese rodeado de paisajes impresionantes, revitalizado por el aire fresco de la montaña y cautivado por la rica historia que se desarrolla en cada rincón. Aquí está su guía seleccionada de algunas de las joyas del norte que debe visitar, lista para transformar su viaje en una aventura que no olvidará pronto:

Riva del Garda:

- **DIRECCIÓN:** Riva del Garda, Trentino, Italia (Extremo norte del lago de Garda)
- **Contacto:** (Oficina de Información Turística) +39 0464 521500
- **Sitio web:** https://www.visitgarda.com/it/Riva-del-Garda-vacanze-lago-garda/?s=38
- **Horario de apertura:** Oficina de información turística: mayo-septiembre: 9:00 a. m. - 7:00 p. m., octubre-abril: 9:00 a. m. - 1:00 p. m. y 2:00 p. m. - 5:00 p. m. (el horario de apertura puede variar, así que consulte el sitio web para obtener la información más reciente)
- **Horario de cierre:** Oficina de Información Turística (como se mencionó anteriormente)
- **Direcciones:** Se puede llegar fácilmente a Riva del Garda en coche o autobús desde las principales ciudades situadas alrededor del lago. También hay un servicio de ferry que conecta Riva del Garda con otras ciudades junto al lago, ofreciendo un viaje panorámico a través del agua.
- **Costo de la actividad:** Libre para explorar la ciudad misma. Se aplican tarifas de alquiler para equipos para deportes acuáticos como tablas de windsurf, kayaks y veleros.
- **Información adicional:** Riva del Garda es un paraíso para los amantes de los deportes acuáticos, especialmente durante los meses de verano.

Riva del Garda es una ciudad vibrante y llena de energía, especialmente para aquellos a los que les encanta pasar tiempo en el agua. Imagínese paseando por el pintoresco paseo junto al lago, repleto de encantadores cafés, animados bares y tentadores restaurantes. Observe a la gente pasar desde una terraza frente al mar, tome un refrescante aperitivo y sumérjase en la animada atmósfera.

Para el alma aventurera, Riva del Garda ofrece un paraíso de actividades deportivas acuáticas. Siente la adrenalina mientras practicas windsurf o kitesurf, aprovechando la fuerza del viento para deslizarte por las aguas cristalinas. Para una experiencia más relajada, alquila un kayak o una tabla de remo y explora calas escondidas y playas solitarias a tu propio ritmo. Los entusiastas de la navegación pueden alquilar un barco y embarcarse en un viaje a través de la vasta extensión del lago, descubriendo joyas escondidas y pueblos pintorescos a lo largo del camino.

Más allá del agua, Riva del Garda cuenta con una rica historia que espera ser explorada. Imagínese paseando por las estrechas callejuelas del centro histórico, un laberinto de casas coloridas, tiendas pintorescas y plazas escondidas. Los entusiastas del arte apreciarán la impresionante colección del Museo Cívico, que exhibe artefactos y pinturas que revelan el fascinante pasado de la ciudad.

Retroceda en el tiempo en la imponente Rocca del Riva, una fortaleza medieval situada en lo alto de un acantilado que domina la ciudad. Imagínese escalar las antiguas torres y explorar las murallas, experimentando las mismas vistas impresionantes que cautivaron a los soldados hace siglos. Por las noches, sumérjase en la vibrante vida nocturna. Disfrute de música en vivo en un bar tradicional, pruebe la deliciosa cocina local en un acogedor restaurante o simplemente relájese con una copa de vino y disfrute del animado ambiente.

Malcesina:

- **DIRECCIÓN:** Malcesine, Verona, Italia (orilla oriental del lago de Garda)
- **Contacto:** (Oficina de Información Turística) +39 045 7400040
- **Sitio web:** https://www.visitmalcesine.com/es
- **Horario de apertura:** Oficina de información turística: mayo-septiembre: 9:00 a. m. - 7:00 p. m., octubre-abril: 9:00 a. m. - 1:00 p. m. y 2:00 p. m. - 5:00 p. m. (el horario de apertura puede variar, así que consulte el sitio web para obtener la información más reciente)

- **Horario de cierre:** Oficina de Información Turística (como se mencionó anteriormente)
- **Direcciones:** Se puede llegar a Malcesine en coche o autobús desde otras ciudades junto al lago. Los servicios de ferry también conectan Malcesine con Riva del Garda y otros destinos en el lago.
- **Costo de la actividad:** Libre para explorar la ciudad misma. Es posible que se apliquen tarifas de entrada para atracciones específicas como el Castillo Scaligero y el Palazzo dei Capitani (Palacio de los Capitanes).
- **Información adicional:** Malcesine es una pintoresca ciudad conocida por su castillo Scaligero y su encantador ambiente.

Malcesine es un paraíso perfecto de postal ubicado en la orilla oriental del lago de Garda. Imagínese parado en el paseo junto al lago, contemplando el majestuoso Castello Scaligero, una fortaleza del siglo XIII situada sobre un afloramiento rocoso. Tome un teleférico hasta el castillo y sea recompensado con impresionantes vistas panorámicas del lago, las montañas circundantes y la encantadora ciudad que se encuentra debajo. Explora los patios, las torres y las mazmorras del castillo y profundiza en la rica historia que se desarrolla dentro de sus muros.

Más allá de las murallas del castillo, se despliega el centro histórico de Malcesine, un laberinto de calles adoquinadas bordeadas de casas coloridas, tiendas de artesanía y acogedores cafés. Imagínese perdiéndose por los encantadores callejones, explorando recuerdos únicos y disfrutando de un refrescante helado en una tarde soleada. Los amantes de la historia apreciarán el Palazzo dei Capitani (Palacio de los Capitanes), un edificio del siglo XVI que alguna vez albergó a los funcionarios del gobierno de la ciudad. Hoy en día alberga un museo que muestra la historia y los artefactos locales.

Para los amantes de la naturaleza, Malcesine ofrece una puerta de entrada a la aventura. Camine por los pintorescos senderos que suben por las montañas circundantes y ofrecen impresionantes vistas del lago y la oportunidad de escapar de las multitudes. Imagínese rodeado de exuberante vegetación, respirando el aire fresco de la montaña y escuchando los sonidos de la naturaleza. Para una experiencia más relajada, alquile una bicicleta y explore el sendero plano junto al lago que se extiende desde Malcesine hasta otras ciudades, ofreciendo una ruta panorámica perfecta para un paseo tranquilo.

Por las noches, Malcesine se transforma en un encantador paraíso para cenar y socializar. Imagínese disfrutando de una deliciosa comida de marisco fresco y pasta local en la terraza de un restaurante con vistas a las luces parpadeantes del puerto. Observe a la gente pasar desde una acogedora cafetería, beba una copa de vino local y sumérjase en el relajado ambiente italiano. Para aquellos que buscan vida nocturna, algunos bares animados ofrecen la oportunidad de socializar con otros viajeros y disfrutar de música en vivo bajo el cielo iluminado por las estrellas.

Limone sul Garda:

- **DIRECCIÓN:** Limone sul Garda, Brescia, Italia (orilla occidental del lago de Garda)

- **Contacto:** (Oficina de Información Turística) +39 0365 952020

- **Horario de apertura:** Oficina de información turística: mayo-septiembre: 9:00 a. m. - 7:00 p. m., octubre-abril: 9:00 a. m. - 1:00 p. m. y 2:00 p. m. - 5:00 p. m. (el horario de apertura puede variar, así que consulte el sitio web para obtener la información más reciente)

- **Horario de cierre:** Oficina de Información Turística (como se mencionó anteriormente)

- **Direcciones:** Se puede acceder a Limone sul Garda en coche o autobús desde otras ciudades de la costa occidental. Los servicios de ferry también conectan Limone sul Garda con otros destinos del lago.

- **Costo de la actividad:** Libre para explorar la ciudad misma. Es posible que se apliquen tarifas de entrada para atracciones específicas como el recorrido por Limone Pie Factory.

- **Información adicional:** Limone sul Garda es una ciudad encantadora conocida por sus limoneros y su impresionante ubicación junto a un acantilado.

Limone sul Garda es una pintoresca ciudad situada sobre los acantilados de la orilla occidental del lago. Imagínese llegar en ferry y contemplar los limoneros en terrazas que caen en cascada por la ladera de la montaña, sus vibrantes hojas verdes y su fragante aroma crean una atmósfera verdaderamente única. Pasee por las estrechas callejuelas del centro histórico, bordeadas de casas coloridas adornadas con motivos de limones. Pase por una tienda local para comprar limonada recién exprimida o productos locales a base de limón, el recuerdo perfecto para llevarse a casa el sabor de este paraíso de los cítricos.

Para vivir una experiencia verdaderamente única, realice un recorrido por Limone Pie Factory y descubra los secretos detrás de este delicioso manjar local. Conozca la historia del cultivo de limón en la región y deléitese con una degustación de pasteles de limón recién horneados. ¿Te sientes aventurero? Camine por los pintorescos senderos que atraviesan los limoneros, que ofrecen impresionantes vistas del lago y la oportunidad de sumergirse en el fragante mundo de los cítricos.

Por las noches, Limone sul Garda se transforma en un paraíso para la relajación y la exploración. Imagínese paseando por el pintoresco paseo junto al lago, repleto de acogedores cafés y restaurantes. Disfrute de una deliciosa comida con mariscos frescos y especialidades locales, mientras contempla las impresionantes vistas del atardecer sobre el lago. Para aquellos que buscan una experiencia más activa, alquile un kayak o una tabla de remo y explore las calas escondidas y las playas solitarias que salpican la costa.

Limone sul Garda es una base perfecta para explorar los alrededores. Imagínese tomando un ferry hacia otras ciudades encantadoras como Torri del Benaco, un pueblo medieval con un castillo Scaligero, o Gardone Riviera, conocida por sus hermosos jardines junto al lago y el Vittoriale degli Italiani, una extensa finca dedicada al famoso poeta Gabriele D' Annuncio.

Para los amantes de las emociones fuertes, un corto trayecto en coche desde Limone sul Garda les ofrece emocionantes aventuras. Dirígete a la cercana ciudad de Arco, un reconocido centro de escalada en roca que ofrece rutas para todos los niveles. Imagínese escalando un desafiante acantilado, con la adrenalina corriendo por sus venas y siendo recompensado con impresionantes vistas del lago y las montañas circundantes.

Trento:

- **DIRECCIÓN:** Trento, Trentino, Italia (al norte del lago de Garda)
- **Contacto:** (Oficina de Información Turística) +39 0461 231830
- **Horario de apertura:** Oficina de información turística: mayo-septiembre: 9:00 a. m. - 7:00 p. m., octubre-abril: 9:00 a. m. - 1:00 p. m. y 2:00 p. m. - 5:00 p. m. (el horario de apertura puede variar, así que consulte el sitio web para obtener la información más reciente)
- **Horario de cierre:** Oficina de Información Turística (como se mencionó anteriormente)
- **Direcciones:** Se puede llegar fácilmente a Trento en coche, tren o autobús desde Riva del Garda.
- **Costo de la actividad:** Gratis para explorar la ciudad misma. Es posible que se apliquen tarifas de entrada para atracciones específicas como el Castillo Buonconsiglio y el Museo delle Scienze (Museo de las Ciencias).
- **Información adicional:** Trento es una hermosa ciudad con una rica historia y una cultura vibrante.

Para aquellos que buscan una inmersión cultural, es imprescindible una excursión de un día a la encantadora ciudad de Trento. Imagínese retrocediendo en el tiempo mientras explora el centro histórico, un laberinto de calles adoquinadas bordeadas de edificios renacentistas, grandes plazas e iglesias cautivadoras. Los entusiastas del arte apreciarán la impresionante colección del Castillo Buonconsiglio, que exhibe frescos, pinturas y artefactos que cuentan la historia del pasado de la región.

Sumérgete en la vibrante atmósfera de la ciudad paseando por la Piazza del Duomo, la plaza principal, repleta de cafés y tiendas. Por las noches, asista a una actuación en el Teatro Sociale, una ópera histórica, o simplemente relájese en una cafetería en la acera y disfrute del animado ambiente. Para vivir una experiencia única, visite el MUSE - Museo delle Scienze (Museo de las Ciencias), un museo moderno e interactivo que muestra el mundo natural y la historia de Trentino. Aquí podrá explorar exhibiciones sobre glaciares, dinosaurios y el cuerpo humano, todo de una manera cautivadora y atractiva.

Senderismo por los Dolomitas: una aventura impresionante

Para los verdaderamente aventureros, los majestuosos Dolomitas, declarados Patrimonio de la Humanidad por la UNESCO, se encuentran a poca distancia del lago de Garda. Imagínese rodeado de paisajes impresionantes, picos imponentes, valles exuberantes y lagos alpinos de aguas cristalinas. Átese las botas de montaña y emprenda una desafiante caminata a través de esta impresionante cadena montañosa. Experimenta la emoción de conquistar la cima de una montaña y sé recompensado con vistas panorámicas que te dejarán sin palabras.

Opciones para todos los niveles de habilidad:

Los Dolomitas ofrecen senderos para todos los niveles, desde suaves caminatas para familias hasta escaladas desafiantes que requieren experiencia técnica. Para aquellos que buscan una experiencia más relajada, tome un teleférico hasta un restaurante en la cima de la montaña y disfrute de una deliciosa comida con vistas impresionantes. Alternativamente, alquile una bicicleta de montaña y explore la red de senderos panorámicos que serpentean por las montañas.

Más allá de las montañas:

La región que rodea el lago de Garda ofrece una variedad de actividades y experiencias más allá de las montañas. Imagínese visitando una bodega local y disfrutando de una sesión de cata de vinos, aprendiendo sobre las variedades de uva únicas de la región y saboreando los deliciosos vinos locales. Para darle un toque de historia, explora los castillos y fortalezas medievales que salpican el paisaje, vestigios de una época pasada.

Festivales y Eventos:

A lo largo del año, las ciudades alrededor del lago de Garda cobran vida con vibrantes festivales y eventos. Sumérgete en la cultura local asistiendo a un concierto de música folclórica tradicional, un festival del vino que celebra la temporada de cosecha o un mercado navideño lleno de alegría festiva. Estos eventos ofrecen la oportunidad de socializar con los lugareños, experimentar las tradiciones de la región y crear recuerdos duraderos.

Una aventura culinaria:

Ningún viaje al Lago de Garda está completo sin disfrutar de la deliciosa cocina de la región. Imagínese saboreando pescado recién pescado del lago, acompañado de una copa de vino local. Pruebe las especialidades regionales como los "casoncelli" (ravioles rellenos de carne o ricotta), la "polenta concia" (polenta cremosa con queso) y, por supuesto, el famoso "gelato" (helado italiano) en innumerables sabores.

Una mezcla perfecta:

Ya sea que esté buscando una escapada relajante, una aventura llena de adrenalina o una inmersión cultural, la costa norte del lago de Garda ofrece una combinación perfecta de experiencias para satisfacer los gustos de cada viajero. Así que haz las maletas, ponte los zapatos para caminar y embárcate en un viaje para descubrir las joyas ocultas y los impresionantes paisajes que te esperan en este cautivador rincón de Italia.

Joyas culturales:

El encanto del lago de Garda se extiende mucho más allá de sus pintorescas ciudades y sus impresionantes paisajes. Imagínese embarcarse en un viaje en el tiempo, explorando castillos cautivadores, museos fascinantes y sitios históricos que revelan el rico tapiz del pasado de la región. Aquí tienes una guía seleccionada de algunas de las joyas culturales de visita obligada, lista para transportarte al pasado y despertar tu curiosidad:

Sirmione:

Castillo Scalígero

- **DIRECCIÓN:** Plaza Castello, Sirmione, Brescia, Italia
- **Contacto:** +39 0365 554264
- **Horario de apertura:** De abril a septiembre: de 8:30 a. m. a 7:30 p. m., de octubre a marzo: de 8:30 a. m. a 4:30 p. m. (el horario de apertura puede variar, así que consulte el sitio web para obtener la información más reciente)
- **Horario de cierre:** (como se ha mencionado más arriba)
- **Cuota de admisión:** 8 € (adultos), descuentos disponibles
- **Exposiciones especiales:** No suele ser así, pero el castillo en sí es una exposición histórica.
- **Direcciones:** El Castillo Scaligero está situado en el centro histórico de Sirmione, al que se puede acceder fácilmente caminando desde el muelle principal del ferry.
- **Duración recomendada de la visita:** 1-2 horas

Imagínese al pie del imponente Castillo Scaligero en Sirmione, una magnífica fortaleza del siglo XIV situada a la orilla del agua. Al cruzar el puente levadizo y entrar en los terrenos del castillo, sienta el peso de la historia a su alrededor. Explore los patios, torres y murallas, cada uno de los cuales ofrece una visión de las vidas de la familia Scaligeri que gobernó la región durante siglos. Sube a la cima del torreón y serás recompensado con impresionantes vistas panorámicas del lago de Garda y el paisaje circundante.

Dentro del castillo, un pequeño museo exhibe artefactos y exhibiciones que cuentan la historia de la fortaleza y su lugar en la historia de Sirmione. Imagínate deambulando por los pasillos, reconstruyendo las vidas de los soldados que alguna vez custodiaron estos muros y las estrategias empleadas durante las batallas. El Castillo Scaligero no es sólo un monumento histórico; es una cautivadora cápsula del tiempo esperando a ser explorada.

Riva del Garda:

Museo Cívico

- **DIRECCIÓN:** Piazza Cesare Battisti 3, Riva del Garda, Trentino, Italia
- **Contacto:** +39 0464 571869
- **Horario de apertura:** De martes a sábado: 10:00 a. m. a 6:00 p. m., domingos: 10:00 a. m. a 1:00 p. m. (el horario de apertura puede variar, así que consulte el sitio web para obtener la información más reciente)
- **Horario de cierre:** lunes
- **Cuota de admisión:** 6 € (adultos), descuentos disponibles
- **Exposiciones especiales:** Ocasionalmente, el museo alberga exhibiciones temporales junto con su colección permanente.
- **Direcciones:** El Museo Cívico está situado en el centro histórico de Riva del Garda, a pocos pasos del muelle principal del ferry.
- **Duración recomendada de la visita:** 1-2 horas

Retroceda en el tiempo en el Museo Cívico de Riva del Garda, ubicado en un antiguo convento franciscano que data del siglo XV. Imagínese paseando por los pasillos del museo, llenos de artefactos y exhibiciones que revelan la fascinante historia de la ciudad. Explore la sección arqueológica, que muestra hallazgos romanos y medievales que describen la vida en la región hace siglos.

El museo también alberga una cautivadora colección de pinturas, esculturas y artes decorativas que cuentan la historia del patrimonio artístico de Riva del Garda. Imagínese maravillándose con las obras maestras del Renacimiento, las intrincadas esculturas y los objetos cotidianos que ofrecen un vistazo a las vidas de generaciones pasadas. Una sección dedicada se centra en la relación de la ciudad con el lago de Garda, destacando su importancia como ruta comercial y fuente de inspiración para artistas y escritores. El Museo Cívico es un tesoro escondido tanto para los amantes de la historia como para los entusiastas del arte.

Malcesina:

Castello Scaligero (Castillo Scaligero)

- **DIRECCIÓN:** Via Castello, Malcesine, Verona, Italia
- **Contacto:** +39 045 7401320
- **Sitio web:** [https://www.visitmalcesine.com/es/el-castillo-scaliger-de-malcesine]
- **Horario de apertura:** De abril a septiembre: de 9:00 a. m. a 7:30 p. m., de octubre a marzo: de 9:00 a. m. a 4:30 p. m. (el horario de apertura puede variar, así que consulte el sitio web para obtener la información más reciente)
- **Horario de cierre:** (como se ha mencionado más arriba)
- **Cuota de admisión:** 8 € (adultos), descuentos disponibles
- **Exposiciones especiales:** No suele ser así, pero el castillo en sí y la Sala Goethe son exhibiciones históricas.
- **Direcciones:** El Castillo Scaligero está situado en lo alto del centro histórico de Malcesine. Se puede llegar caminando por un sendero empinado o tomando un cómodo teleférico que ofrece impresionantes vistas de la ciudad y el lago.
- **Duración recomendada de la visita:** 1-2 horas

Imagínese parado al pie del majestuoso Castello Scaligero en Malcesine, una fortaleza del siglo XIII situada espectacularmente sobre un afloramiento rocoso con vistas a la ciudad y al lago de Garda. A medida que asciende por el sinuoso camino o toma el pintoresco paseo en teleférico, aumenta la anticipación por los tesoros históricos y escénicos que le esperan. Cruza la antigua puerta y entra en un mundo de intriga medieval. Explora los patios, torres y murallas, cada uno de los cuales susurra historias de batallas libradas y estrategias empleadas. Suba a la torre más alta y sea recompensado con impresionantes vistas panorámicas de 360 grados que abarcan todo el lago, las montañas circundantes y la encantadora ciudad de Malcesine ubicada debajo.

Dentro de los muros del castillo, una fascinante exposición arroja luz sobre la historia de la fortaleza y su papel en el pasado de la región. Imagínese reconstruyendo las vidas de la familia Scaligeri que construyó el castillo y los soldados que lo defendieron. Lo más destacado para muchos visitantes es la "Sala Goethe", dedicada al famoso poeta alemán Johann Wolfgang von Goethe. Goethe visitó Malcesine en 1786 y quedó cautivado por la belleza del castillo. La sala muestra sus bocetos y escritos inspirados en su visita, ofreciendo una perspectiva única sobre la importancia cultural del castillo. El Castello Scaligero no es sólo una estructura defensiva; es un símbolo cautivador de la rica historia de Malcesine y una visita obligada para cualquiera que busque profundizar en el pasado de la región.

Trento:

Castillo de Buonconsiglio (Castillo de Buonconsiglio)

- **DIRECCIÓN:** Via Bernardo Clesio 5, Trento, Trentino, Italia
- **Contacto:** +39 0461 492860
- **Sitio web:** https://www.buonconsiglio.it/es/
- **Horario de apertura:** De martes a domingo: 10:00 a. m. a 6:00 p. m. (el horario de apertura puede variar, así que consulte el sitio web para obtener la información más reciente)
- **Horario de cierre:** lunes
- **Cuota de admisión:** 10 € (adultos), descuentos disponibles

- **Exposiciones especiales:** Ocasionalmente, el castillo alberga exhibiciones temporales junto con su colección permanente.
- **Direcciones:** El Castillo Buonconsiglio está situado en el centro histórico de Trento, a pocos pasos de la estación de tren y de la Piazza del Duomo.
- **Duración recomendada de la visita:** 2-3 horas

Imagínese retrocediendo en el tiempo al entrar en el imponente Castillo Buonconsiglio en Trento. Esta fortaleza del siglo XIII, que alguna vez fue residencia de los príncipes obispos de Trento, sirvió como centro político y cultural durante siglos. Explora los grandes salones y cámaras del castillo, cada uno adornado con impresionantes frescos, intrincados tapices y muebles opulentos. Imagínese paseando por la serie de frescos ricamente decorados "Ciclo de los meses", que ofrece una visión de la vida medieval y las prácticas agrícolas de la región.

Más allá de las opulentas viviendas, el castillo alberga una cautivadora galería de arte que exhibe obras de artistas locales e internacionales. Imagínese maravillándose con las obras maestras del Renacimiento, las esculturas que representan personajes históricos y los retratos que capturan la esencia de épocas pasadas. Una sección dedicada se centra en la historia de Trentino y su papel dentro del Sacro Imperio Romano. El Castillo de Buonconsiglio es un tesoro escondido tanto para los amantes de la historia como para los entusiastas del arte, y ofrece una visión fascinante del rico pasado de la región.

Museos más allá de los muros

Mientras que los castillos y fortalezas capturan la historia defensiva de la región, varios museos alrededor del lago de Garda profundizan en su patrimonio cultural y artístico.

Museo de las Viviendas del Lago

- **DIRECCIÓN:** Via al Forte 4, Desenzano del Garda, Brescia, Italia
- **Contacto:** +39 030 9142502

- **Horario de apertura:** De martes a domingo: 9:00 a. m. a 5:00 p. m. (el horario de apertura puede variar, así que consulte el sitio web para obtener la información más reciente)
- **Horario de cierre:** lunes
- **Cuota de admisión:** 6 € (adultos), descuentos disponibles
- **Exposiciones especiales:** Ocasionalmente, el museo alberga exhibiciones temporales junto con su colección permanente.
- **Direcciones:** El Museo delle Palafitte está situado en las afueras de Desenzano del Garda, al que se puede acceder en coche o autobús.
- **Duración recomendada de la visita:** 1-2 horas

Imagínese retrocediendo miles de años en el Museo delle Palafitte en Desenzano del Garda. Este museo, ubicado sobre una reconstrucción de una casa sobre pilotes, muestra la fascinante historia de los habitantes prehistóricos del lago que habitaron la zona hace más de 4.000 años. Explore exhibiciones que presentan hallazgos arqueológicos como herramientas, armas y fragmentos de cerámica, que ofrecen una visión de su vida y costumbres diarias.

Las exhibiciones interactivas y las presentaciones multimedia dan vida a esta antigua civilización. Imagínese aprendiendo sobre sus técnicas de pesca, prácticas agrícolas y estructuras sociales. El museo también presenta reconstrucciones de otros tipos de viviendas prehistóricas, lo que proporciona una comprensión más amplia de la vida en esta región durante el Neolítico y la Edad del Bronce. El Museo delle Palafitte es un fascinante viaje en el tiempo, perfecto para cualquiera que sienta curiosidad por los primeros habitantes del lago de Garda.

Vittoriale de los italianos:

- **DIRECCIÓN:** Via Vittoriale 12, Gardone Riviera, Brescia, Italia
- **Contacto:** +39 030 7227898

- **Sitio web:** https://www.vittoriale.it/es
- **Horario de apertura:** De abril a septiembre: de 9:00 a. m. a 7:15 p. m., de octubre a marzo: de 9:00 a. m. a 4:45 p. m. (el horario de apertura puede variar, así que consulte el sitio web para obtener la información más reciente)
- **Horario de cierre:** Lunes (excepto festivos nacionales)
- **Cuota de admisión:** 16 € (adultos), descuentos disponibles
- **Exposiciones especiales:** El Vittoriale alberga ocasionalmente exposiciones temporales junto con su colección permanente.
- **Direcciones:** El Vittoriale degli Italiani está situado en la cima de una colina con vistas a la Riviera Gardone y es fácilmente accesible en coche o autobús.
- **Duración recomendada de la visita:** 2-3 horas (incluidos los jardines)

Imagínese entrando en los terrenos del Vittoriale degli Italiani, una extensa finca a orillas del lago de Garda. Este complejo único, construido entre 1921 y 1938, sirvió como hogar y lugar de descanso final del famoso poeta y aviador italiano Gabriele D'Annunzio. El Vittoriale es una mezcla fascinante de museo, monumento y teatro al aire libre, que muestra la extravagante personalidad y el legado artístico de D'Annunzio.

Explore la opulenta casa-museo, repleta de pertenencias personales de D'Annunzio, recuerdos de su vida y tesoros artísticos que coleccionó. Pasee por los jardines meticulosamente diseñados, adornados con esculturas, fuentes y locuras arquitectónicas que reflejan el gusto excéntrico de D'Annunzio. Para sentir una descarga de adrenalina, suba la estrecha escalera hasta la cima del "Maschio" (Torre del Torreón), un monumento con forma de buque de guerra que ofrece impresionantes vistas del lago y el paisaje circundante.

El Vittoriale degli Italiani es más que un simple museo; es un viaje cautivador a la mente y el mundo de Gabriele D'Annunzio. Ya sea que sea un aficionado a la historia, un entusiasta del arte o simplemente sienta curiosidad por una figura histórica única, el Vittoriale degli Italiani ofrece una experiencia cautivadora.

Museo de la Pesca

- **DIRECCIÓN:** Via Mazzini, 6 Bardolino, Verona, Italia
- **Contacto:** +39 045 6210008
- **Horario de apertura:** Abril a septiembre: martes a domingo: 10:00 a. m. a 1:00 p. m. y 4:00 p. m. a 7:00 p. m., octubre a marzo: martes a sábado: 10:00 a. m. a 1:00 p. m. (el horario de apertura puede variar , así que consulte el sitio web para obtener la información más reciente)
- **Horario de cierre:** Lunes (excepto festivos nacionales)
- **Cuota de admisión:** 4 € (adultos), descuentos disponibles
- **Exposiciones especiales:** Ocasionalmente, el museo alberga exhibiciones temporales junto con su colección permanente.
- **Direcciones:** El Museo della Pesca está situado en el centro histórico de Bardolino, fácilmente accesible a pie desde el muelle principal del ferry.
- **Duración recomendada de la visita:** 1-2 horas

Imagínese adentrándose en el fascinante mundo de la pesca en el lago de Garda en el Museo della Pesca de Bardolino. Este encantador museo, ubicado en una antigua aduana del siglo XVI, muestra la rica historia y tradiciones de la pesca en la región. Explore exhibiciones que presentan barcos, redes y herramientas de pesca tradicionales, cada uno con una historia que contar sobre la vida de los pescadores en el lago.

Conozca los diferentes tipos de peces que habitan el lago y las prácticas de pesca sostenible empleadas por las comunidades locales durante generaciones. Las pantallas interactivas y las presentaciones multimedia dan vida al mundo de los pescadores del lago de Garda. El museo también cuenta con una sección cautivadora dedicada a la historia de la famosa producción de aceite de oliva de Bardolino, que ofrece una comprensión completa del patrimonio cultural de la ciudad. El Museo della Pesca es una experiencia encantadora para cualquiera que tenga curiosidad sobre el modo de vida local y la importancia de la pesca en la configuración de la identidad del Lago de Garda.

Museo del Aceite de Oliva

- **DIRECCIÓN:** Via della Libertà, 2, Cassino (distrito de Museos), Soiano del Lago, Brescia, Italia

- **Contacto:** +39 0365 500210

- **Horario de apertura:** De martes a domingo: 10:00 a. m. a 5:00 p. m. (el horario de apertura puede variar, así que consulte el sitio web para obtener la información más reciente)

- **Horario de cierre:** lunes

- **Cuota de admisión:** 6 € (adultos), descuentos disponibles

- **Exposiciones especiales:** Ocasionalmente, el museo alberga exhibiciones temporales junto con su colección permanente, que incluyen talleres y catas de aceite de oliva.

- **Direcciones:** El Museo dell'Olivo está situado en la pequeña ciudad de Cassino, a poca distancia en coche de Soiano del Lago. El museo ofrece servicios de transporte desde lugares específicos durante la temporada alta.

- **Duración recomendada de la visita:** 1-2 horas

Imagínese inmerso en el mundo de la producción de aceite de oliva en el Museo dell'Olivo en Cassino, a poca distancia en auto de Soiano del Lago. Este museo único, ubicado en un molino de oliva restaurado del siglo XVII, muestra la fascinante historia, las técnicas de cultivo y el proceso de producción de este "oro líquido" que ha sido un elemento básico de la cocina de la región durante siglos.

Explore las exhibiciones del museo, que presentan prensas de aceitunas, herramientas y maquinaria tradicionales utilizadas a lo largo de los siglos. Conozca las diferentes variedades de aceituna que se cultivan alrededor del lago de Garda y el meticuloso proceso de transformarlas en el aceite de oliva de alta calidad por el que la región es famosa. Lo más destacado para muchos visitantes es la oportunidad de participar en una cata de aceite de oliva, donde podrán probar diferentes variedades y aprender a apreciar sus sabores y aromas únicos.

El Museo dell'Olivo es una experiencia encantadora para los amantes de la gastronomía y para cualquiera que sienta curiosidad por las tradiciones agrícolas locales. Es una oportunidad de descubrir el corazón y el alma del patrimonio culinario del lago de Garda, una deliciosa gota a la vez.

Estos museos son sólo una muestra de las joyas culturales que esperan ser descubiertas alrededor del lago de Garda. Mientras explores la región, mantén los ojos bien abiertos para ver:

- **Museos de ciudades más pequeñas:** Muchas ciudades encantadoras alrededor del lago cuentan con museos locales que se centran en aspectos específicos de la historia de la región, como el Museo del Vino en Bardolino o el Museo delle Carrozze en Caneva.
- **Sitios arqueológicos:** Los amantes de la historia pueden profundizar más visitando ruinas romanas como las que se encuentran en Desenzano del Garda o Sirmione, que ofrecen una visión del pasado antiguo de la región.
- **Galerías de arte:** Los entusiastas del arte encontrarán un tesoro escondido de galerías que exhiben las obras de artistas locales e internacionales, desde piezas contemporáneas hasta obras maestras del Renacimiento.

Te espera un viaje en el tiempo

Explorar las joyas culturales que rodean el lago de Garda es más que simplemente visitar museos y sitios históricos. Es un viaje en el tiempo, una oportunidad para conectarse con el pasado y obtener una apreciación más profunda del rico patrimonio, las tradiciones y la identidad cultural de la región. Así que haz las maletas, abraza tu sentido de la curiosidad y embárcate en una exploración inolvidable de las cautivadoras historias que el lago de Garda tiene para contar.

Maravillas naturales:

El encanto del lago de Garda se extiende mucho más allá de sus encantadoras ciudades y su rica historia. Imagínese rodeado de paisajes impresionantes, desde elevados picos montañosos hasta aguas cristalinas, creando un paraíso para los entusiastas del aire libre y los amantes de la naturaleza. Prepárate para atarte las botas de montaña, coger tu traje de baño y embarcarte en una aventura en medio de la impresionante belleza de esta joya italiana.

Trekking por los Dolomitas

- **Actividad:** Senderismo en los Dolomitas

- **Ubicación:** Cordillera de los Dolomitas (varios puntos de acceso alrededor del lago de Garda)

- **Horas de funcionamiento:** N/A (Los senderos están abiertos todo el año, pero las condiciones climáticas pueden afectar la accesibilidad)

- **Costo:** Gratis (es posible que se apliquen tarifas de entrada al parque en algunas áreas)

- **Consejos para principiantes:** Comience con senderos más cortos y bien mantenidos y aumente gradualmente la dificultad a medida que gane experiencia. Invierta en botas y equipo de montaña adecuados y siempre verifique las condiciones climáticas antes de salir.

Imagínese al pie de los majestuosos Dolomitas, declarados Patrimonio de la Humanidad por la UNESCO, con sus picos irregulares atravesando el cielo azul. Esta impresionante cadena montañosa, que bordea la orilla norte del lago de Garda, ofrece un desafío y una recompensa para todos los niveles de excursionista. Átese las botas y embárquese en un viaje a través de valles impresionantes, pasando por cascadas y hasta miradores panorámicos que lo dejarán sin palabras.

Para los excursionistas experimentados, los Dolomitas ofrecen desafiantes caminatas de varios días, conquistando altos picos y atravesando pintorescas crestas. Imagínese superando sus límites, el aire fresco de la montaña vigorizando sus pulmones y las vistas panorámicas de toda la región del lago de Garda desplegándose ante usted. Para aquellos que buscan una experiencia más relajada, numerosos senderos bien mantenidos serpentean a través de prados y bosques alpinos, perfectos para una tranquila caminata de un día.

Monte Baldo

- **Ubicación:** Malcesine (punto de partida del teleférico)

- **Horas de funcionamiento:** Teleférico: de abril a septiembre: de 9:00 a. m. a 6:00 p. m., octubre: de 9:00 a. m. a 5:00 p. m. (el horario de funcionamiento puede variar, así que consulte el sitio web para obtener la información más reciente)

- **Costo:** Paseo en Teleférico: 22€ (Adultos), Ida y vuelta (Los precios pueden variar según la temporada)

- **Consejos para principiantes:** La parte inicial del sendero desde la estación del teleférico es relativamente fácil, pero algunas secciones pueden ser empinadas y rocosas. Se recomiendan zapatos resistentes.

Imagínese volando por encima de las nubes mientras sube en teleférico por las laderas del Monte Baldo, una montaña que ofrece impresionantes vistas panorámicas del lago de Garda y el paisaje circundante. Apodado el "Jardín de Europa" por su diversa flora, Monte Baldo cuenta con una red de rutas de senderismo para todos los niveles.

Para disfrutar de vistas impresionantes sin sudar, dé un paseo tranquilo por la sección plana inicial del sendero desde la estación del teleférico. Imagínese rodeado de coloridas flores silvestres y respirando el aire fresco de la montaña. Para los más aventureros, numerosos senderos se adentran más en la montaña y ofrecen subidas desafiantes y vistas gratificantes. Imagínese llegar a una pradera aislada en la cima de una montaña repleta de flores silvestres, con las aguas cristalinas del lago de Garda brillando como una joya muy abajo.

Playas y actividades acuáticas

- **Ubicación:** Varios lugares alrededor del lago de Garda (playas públicas y privadas)
- **Horas de funcionamiento:** N/A (Las playas están abiertas todo el año, pero los salvavidas suelen estar presentes durante la temporada alta)
- **Costo:** Gratis (algunas playas privadas pueden tener tarifas de entrada)
- **Consejos para principiantes:** Las playas públicas pueden estar abarrotadas durante la temporada alta, así que llegue temprano para asegurarse un lugar. Recuerda llevar bloqueador solar, sombrero y mucha agua.

Imagínese disfrutando del cálido sol italiano a orillas del lago de Garda. La región cuenta con numerosas playas, tanto públicas como privadas, que ofrecen el lugar perfecto para relajarse, disfrutar del paisaje y refrescarse en sus aguas cristalinas.

Para vivir una experiencia de playa por excelencia, diríjase a la orilla sur del lago alrededor de Sirmione o Desenzano del Garda. Estas áreas ofrecen largas extensiones de playas de arena con muchas comodidades como tumbonas, sombrillas y chiringuitos. Imagínese hundiendo los dedos de los pies en la cálida arena, mientras el suave batir de las olas contra la orilla proporciona una relajante banda sonora para su relajación.

Para aquellos que buscan un lugar más apartado, explore las orillas orientales del lago alrededor de Malcesine o Limone sul Garda. Aquí, las encantadoras playas de guijarros situadas entre acantilados ofrecen un ambiente más íntimo. Imagínese sumergiendo los dedos de los pies en el agua fresca, rodeado de paisajes impresionantes y la encantadora atmósfera de estos pintorescos pueblos.

Paseos en barco por el lago de Garda

- **Ubicación:** Varios lugares en todas las orillas del lago de Garda (puertos y puertos deportivos)
- **Horas de funcionamiento:** Los recorridos en barco operan durante todo el día, con salidas más frecuentes durante la temporada alta. Los horarios específicos varían según el operador turístico y el itinerario.
- **Costo:** Los precios varían según la duración del tour, el itinerario y el tipo de barco. Espere pagar entre 20 y 100 € por persona por un recorrido turístico básico.
- **Consejos para principiantes:** Elija un recorrido que se adapte a sus intereses y presupuesto. Opte por un recorrido más corto si es propenso a marearse. Considere reservar sus boletos con anticipación, especialmente durante la temporada alta.

Imagínese deslizándose por las aguas cristalinas del lago de Garda, con la brisa fresca acariciando su rostro mientras disfruta del impresionante paisaje. Los recorridos en barco ofrecen una perspectiva única del lago y la belleza que lo rodea, lo que le permite descubrir calas escondidas, pueblos encantadores y monumentos históricos desde un ángulo diferente.

Para vivir una experiencia turística clásica, súbete a un ferry público que rodea todo el lago. Imagínese pasando por pueblos pintorescos como Sirmione, Limone sul Garda y Malcesine, cada uno con su encanto único. Escuche los comentarios informativos mientras aprende sobre la historia y las leyendas asociadas con el lago.

Para una experiencia más íntima, opte por un recorrido en barco privado que le permita adaptar el itinerario a sus preferencias. Imagínese navegando hacia playas solitarias inaccesibles por tierra, deteniéndose para nadar en una cala escondida o disfrutando de un delicioso almuerzo tipo picnic a bordo mientras admira el impresionante panorama.

Buceo y Snorkel

- **Ubicación:** Varios centros de buceo alrededor del lago de Garda (lugares específicos adecuados para el buceo/snorkel)
- **Horas de funcionamiento:** Los centros de buceo suelen funcionar todos los días durante la temporada de verano (mayo-septiembre). Los horarios específicos pueden variar dependiendo del centro.
- **Costo:** Los precios varían según el nivel de experiencia (principiante, buceador certificado), el alquiler del equipo y el sitio de buceo específico. Espere pagar entre 50 y 100 € por una inmersión introductoria básica.
- **Consejos para principiantes:** Si eres nuevo en el buceo, considera realizar un curso para principiantes en un centro de buceo de buena reputación. Bucee siempre con un guía certificado y asegúrese de tener el equipo adecuado y las instrucciones de seguridad antes de sumergirse bajo el agua.

Imagínese aventurándose bajo las aguas cristalinas del lago de Garda, un mundo escondido repleto de vida acuática. El buceo y el esnórquel ofrecen una oportunidad única de explorar la belleza submarina del lago, desde peces de colores y vibrantes arrecifes de coral hasta naufragios y cuevas submarinas.

Para los buceadores certificados, los centros de buceo experimentados ofrecen visitas guiadas para explorar fascinantes sitios submarinos como la "Cava Verde" cerca de Malcesine o la "Secca del Ferro" cerca de San Felice del Benaco. Imagínese navegando a través de túneles submarinos, encontrándose con peces juguetones y descubriendo los tesoros escondidos en las profundidades del lago.

Para aquellos nuevos en el mundo submarino, el snorkeling ofrece una introducción cautivadora a la vida acuática del lago. Imagínese nadando junto a bancos de peces de colores, explorando arrecifes poco profundos repletos de vida marina y maravillándose ante la claridad y la belleza del mundo submarino.

Windsurf y Kitesurf:

- **Ubicación:** Varias escuelas de windsurf y kitesurf y centros de alquiler en la orilla norte del lago de Garda (Torbole, Malcesine, Limone sul Garda)

- **Horas de funcionamiento:** Las escuelas y los centros de alquiler suelen funcionar durante la temporada de verano (mayo-septiembre), con lecciones y alquileres disponibles durante todo el día dependiendo de las condiciones del viento.

- **Costo:** Los precios varían dependiendo del servicio (lección, alquiler, alquiler de equipo). Espere pagar entre 50 y 100 € por una lección para principiantes con alquiler de equipo.

- **Consejos para principiantes:** Tome lecciones de un instructor calificado antes de intentar practicar windsurf o kitesurf por su cuenta. Estos deportes requieren habilidades específicas y conocimientos de seguridad para garantizar una experiencia segura y agradable.

Imagínese sintiendo la estimulante sensación de deslizarse por la superficie del agua, impulsado por el viento. El windsurf y el kitesurf ofrecen una experiencia llena de adrenalina para aquellos que buscan un desafío en el lago de Garda.

Las orillas norte del lago, particularmente alrededor de Torbole, Malcesine y Limone sul Garda, son famosas por sus constantes vientos, lo que las convierte en lugares ideales para estas actividades. Imagínese tomando una lección de un instructor calificado y aprendiendo los conceptos básicos del control del viento y el manejo de la tabla. A medida que gane confianza, sienta la emoción de deslizarse por la superficie del agua, el rocío rociando su rostro y el impresionante panorama del lago y las montañas circundantes que se despliegan ante usted. Para los windsurfistas y kitesurfistas experimentados, el desafío radica en dominar técnicas avanzadas, atrapar olas impresionantes y realizar emocionantes saltos mientras bailas en la superficie del agua con el viento como compañero.

Remo de pie (SUP):

- **Ubicación:** Varios lugares alrededor del lago de Garda (calas, playas y puertos tranquilos)
- **Horas de funcionamiento:** Los alquileres de SUP suelen estar disponibles durante todo el día durante la temporada de verano (mayo-septiembre). Los horarios específicos pueden variar según la empresa de alquiler.
- **Costo:** Los precios varían según la duración del alquiler y el tipo de régimen (individual, doble). Espere pagar entre 10 y 20 € por hora por un alquiler básico de SUP.
- **Consejos para principiantes:** Elija un lugar tranquilo y protegido para su primer intento de SUP. Comience arrodillándose sobre la tabla para sentirse cómodo con el equilibrio antes de intentar ponerse de pie.

Imagínese deslizándose tranquilamente por la superficie cristalina del lago de Garda en una tabla de remo (SUP). Esta actividad ofrece una forma serena de explorar las calas escondidas, las tranquilas bahías y los encantadores pueblos del lago desde una perspectiva única.

Para disfrutar de una experiencia relajante, salga temprano en la mañana, ya que el lago está en calma y el mundo despierta a su alrededor. Imagínese rodeado por el suave batir de las olas, el sonido del canto de los pájaros llenando el aire y los impresionantes reflejos de las montañas bailando en la superficie del agua. Para darle un toque de aventura, explore calas solitarias inaccesibles por tierra, descubra formaciones rocosas escondidas y disfrute de un refrescante chapuzón en un lugar apartado.

Kayak:

- **Ubicación:** Varios lugares alrededor del lago de Garda (calas, playas y puertos tranquilos)

- **Horas de funcionamiento:** El alquiler de kayaks suele estar disponible durante todo el día durante la temporada de verano (mayo-septiembre). Los horarios específicos pueden variar según la empresa de alquiler.

- **Costo:** Los precios varían según la duración del alquiler y el tipo de kayak (individual, doble). Espere pagar entre 15 y 25 € por hora por el alquiler básico de un kayak.

- **Consejos para principiantes:** Elija un lugar tranquilo y protegido para su primer intento de navegar en kayak. Los kayaks dobles son una excelente opción para principiantes, especialmente si se rema con otra persona.

Imagínese remando a lo largo de la pintoresca costa del lago de Garda, con el agua cristalina reflejando los colores vibrantes del paisaje circundante. El kayak ofrece una forma única de explorar el lago a su propio ritmo, descubriendo calas escondidas, pueblos encantadores y monumentos históricos desde la orilla del agua.

Para remar tranquilamente, dirígete hacia la orilla sur del lago, conocida por sus aguas más tranquilas y sus encantadoras ciudades como Sirmione y Desenzano. Imagínese remando entre casas coloridas que bordean el paseo marítimo, disfrutando del suave ritmo de las olas rompiendo contra su kayak y absorbiendo la atmósfera relajada de los pueblos a orillas del lago.

Para una experiencia más aventurera, explore las costas del norte alrededor de Malcesine y Limone sul Garda, donde espectaculares acantilados y calas escondidas crean un paisaje más accidentado y emocionante. Imagínese remando a través de ensenadas escondidas, descubriendo playas solitarias y maravillándose ante la impresionante belleza de las imponentes montañas que enmarcan el lago.

Las maravillas naturales del lago de Garda se extienden mucho más allá de sus impresionantes paisajes. Con su amplia gama de actividades al aire libre, el lago ofrece una experiencia inolvidable para los aventureros, los amantes de la naturaleza y cualquiera que busque saborear el paraíso. Así que póngase sus botas de montaña, tome su traje de baño y prepárese para embarcarse en un viaje de descubrimiento en medio de la impresionante belleza de esta joya italiana.

Parte 4: Un viaje culinario por el lago de Garda

Platos locales que debes probar

Cierra los ojos e imagínate paseando por un encantador mercado en una ciudad junto a un lago. El aire se llena del embriagador aroma de hierbas frescas, quesos maduros y salsas hirviendo. Los puestos coloridos están repletos de productos locales: tomates regordetes, aceitunas relucientes y pescado reluciente arrancados directamente del lago. Esto es sólo un vistazo de la aventura culinaria que le espera en un viaje al Lago de Garda, una región donde la comida es una forma de arte transmitida de generación en generación.

Prepárese para deleitar su paladar con una deliciosa variedad de especialidades regionales, cada una repleta de sabores frescos y que reflejan el rico patrimonio cultural de la zona. Desde los abundantes platos del norte hasta las especialidades de marisco del sur, el lago de Garda ofrece una experiencia gastronómica como ninguna otra.

Un viaje por el norte:

La orilla norte del lago de Garda, enclavada en las estribaciones de los Dolomitas, es conocida por sus ricas tradiciones culinarias. Imagínese escondido en una acogedora trattoria de montaña, irradiando el calor de la chimenea mientras saborea las siguientes especialidades regionales:

- **Bronceado de polenta:** Este reconfortante plato es el corazón y el alma de la cocina del norte de Italia. La polenta, una papilla gruesa de harina de maíz, se cocina hasta obtener una crema perfecta y luego se adereza con un rico ragú hecho con salchichas, queso y verduras. Cada bocado es una deliciosa mezcla de texturas: la polenta cremosa contrasta perfectamente con el sabroso ragú.

Consejo profesional: ¡No dudes en pedir segundos! El queso parmesano recién rallado encima agrega otra capa de sabor a este plato clásico.

- **Bigoli al torchio con ragú de pato (Bigoli con ragú de pato):** Imagínese haciendo girar en su tenedor estos fideos gruesos, parecidos a espaguetis, hechos tradicionalmente con harina de trigo sarraceno. Cada bocado es una explosión de sabor, y el rico ragú de pato se adhiere perfectamente a la textura ligeramente áspera de los bigoli. Este plato es un favorito local y se sirve a menudo durante ocasiones festivas.

Consejo profesional: Combine su bigoli con una copa de Valpolicella, un vino tinto robusto de la cercana región del Véneto. El complejo perfil de sabor del vino complementa maravillosamente la riqueza del ragú de pato.

- **Ensalada De Carne (Carne De Res Salada):** Este plato de carne curada es un testimonio de la tradición de conservación de alimentos de la región. La carne secada al aire se corta en rodajas finas y normalmente se sirve con un chorrito de aceite de oliva, jugo de limón y pimienta negra. El delicado equilibrio entre sabores salados y picantes lo convierte en un delicioso entrante o una opción de almuerzo ligero.

Consejo profesional: Para vivir una experiencia verdaderamente auténtica, pruebe la carne salada con los famosos fasoi (frijoles) de Trentino. Esta sencilla combinación es una de las favoritas locales y muestra el amor de la región por los ingredientes frescos de temporada.

Aventurándose al Sur:

A medida que viaja hacia la orilla sur del lago de Garda, el panorama culinario cambia hacia un enfoque en mariscos frescos y platos más ligeros, influenciados por la generosidad del lago y el clima mediterráneo. Imagínese cenando en una terraza con vista al agua resplandeciente y disfrutando de las siguientes delicias:

- **Missoltini:** Imagínese sardinas delicadas, recién capturadas del lago, curadas lentamente en sal y luego asadas a la perfección. El aroma ahumado y el sabor ligeramente salado del missoltini son un verdadero sabor del lago. Estos pequeños pescados suelen servirse sobre pan tostado rociado con aceite de oliva, lo que los convierte en un aperitivo perfecto o un almuerzo ligero.

Consejo profesional: No pierdas la oportunidad de probar los missoltini alla busara, una especialidad local donde las sardinas asadas se cuecen a fuego lento en una salsa de tomate ligera con ajo y hierbas.

- **Brodetto di Garda (estofado de pescado de Garda):** Este abundante guiso es una celebración de la diversa población de peces del lago. Imagine una olla humeante llena de una variedad de pescados, mariscos y verduras frescos cocidos a fuego lento en un caldo de tomate ligero. Cada cucharada estalla con la esencia del lago, una deliciosa combinación de texturas y sabores.

Consejo profesional: El Brodetto di Garda, que tradicionalmente se sirve con pan crujiente para mojar, es un plato que se disfruta mejor con amigos y familiares, perfecto para una experiencia gastronómica relajada y agradable.

- **Tortellini de calabaza (Tortellini de calabaza):** Si bien no son exclusivamente una especialidad sureña, estos deliciosos tortellini son algo que debes probar cuando visites el lago de Garda. Imagínese bolsitas de pasta delicadas rellenas con un relleno de calabaza dulce y salado, cubiertas con una simple salsa de mantequilla y salvia. Cada bocado es un equilibrio perfecto entre lo dulce y lo salado, un verdadero testimonio de la capacidad de la región para mejorar incluso los ingredientes más simples.

Consejo profesional: Combine sus Tortelli di Zucca con una copa de Lugana, un vino blanco ligero y fresco producido en las colinas cercanas. La refrescante acidez del vino complementa perfectamente el dulzor del relleno de calabaza.

Esto es sólo una muestra, un simple aperitivo de la mezcla heterogénea de delicias culinarias que le espera en un viaje al Lago de Garda. Mientras exploras las diferentes regiones y ciudades, asegúrate de estar atento a estas especialidades locales adicionales:

Dulces finales:

Ningún viaje culinario italiano está completo sin disfrutar de sus famosos postres. El lago de Garda ofrece una deliciosa selección de delicias dulces, perfectas para satisfacer tus antojos de azúcar después de una deliciosa comida.

- **Pastel desmenuzado:** Imagínese partiendo un pastel desmenuzable hecho con harina de maíz, almendras y fruta confitada. Este postre tradicional de la región de Valtenesi es una deliciosa combinación de texturas y sabores. La sutil dulzura de la harina de maíz complementa perfectamente la riqueza de las almendras y las explosiones frutales de los trozos confitados.

Consejo profesional: Sbrisolona se disfruta tradicionalmente con una copa de Vin Santo, un vino dulce de postre producido en la zona. La riqueza del vino complementa maravillosamente la textura quebradiza del pastel.

- **Helado:** Ningún viaje a Italia estaría completo sin disfrutar de su mundialmente famoso helado. El lago de Garda cuenta con numerosas heladerías artesanales que producen bolas de perfección cremosa en todos los sabores imaginables. Desde los favoritos clásicos como el chocolate y el pistacho hasta especialidades de temporada como la miel de lavanda o el higo, hay un sabor para tentar cada paladar.

Consejo profesional: ¡No tengas miedo de experimentar con diferentes sabores! Muchas heladerías te permiten probar algunas bolas antes de hacer tu elección final.

Clases de cocina y experiencias de mercado.

Para sumergirse verdaderamente en la cultura culinaria del lago de Garda, considere tomar una clase de cocina. Imagínese aprendiendo los secretos de preparar especialidades regionales de la mano de un chef local. Estas clases generalmente implican instrucción práctica, lo que le permite participar en la preparación de platos tradicionales. Esta es una oportunidad fantástica para aprender nuevas técnicas de cocina, obtener información sobre los ingredientes locales y crear recuerdos duraderos de su viaje.

Otra forma de profundizar en la escena gastronómica de la región es explorar los vibrantes mercados locales. Imagínese paseando por puestos repletos de productos frescos, quesos coloridos y embutidos. Interactúe con vendedores amigables, pruebe delicias locales y elija ingredientes únicos para llevar a casa y recrear sus platos favoritos.

Un sorbo final: vinos del lago de Garda

La región que rodea el lago de Garda cuenta con una floreciente tradición vitivinícola y produce una amplia gama de vinos para complementar su viaje culinario. Desde los vinos blancos ligeros y frescos de Lugana hasta los tintos robustos de Valpolicella, existe una combinación perfecta para cada comida. No pierda la oportunidad de visitar una bodega local y embarcarse en una experiencia de degustación, aprendiendo sobre las variedades de uva únicas y los métodos de producción que dan forma al carácter distintivo de estos vinos regionales.

El lago de Garda ofrece un festín para los sentidos, un lugar donde la comida es una celebración de las tradiciones locales, los ingredientes frescos y generaciones de experiencia culinaria. Entonces, venga con hambre, abrace el espíritu de descubrimiento y embárquese en una deliciosa aventura a través de los sabores de esta cautivadora región italiana.

Relájese con cervezas y bebidas locales

Imagínese disfrutando del cálido sol italiano, con la suave brisa acariciando su rostro mientras bebe una bebida refrescante. Las aventuras del día se están desvaneciendo en un recuerdo agradable y lo único que queda es la sensación de satisfacción y la promesa de una deliciosa comida por delante. Esta es la experiencia por excelencia de relajarse con cervezas y bebidas locales alrededor del lago de Garda.

Más allá de sus impresionantes paisajes y su deliciosa cocina, la región cuenta con una vibrante cultura de bebidas que ofrece algo para tentar todos los paladares. Desde los frescos vinos blancos producidos en las laderas bañadas por el sol hasta las refrescantes cervezas locales y los icónicos aperitivos que inician una velada, un viaje al lago de Garda no está completo sin disfrutar de estas deliciosas libaciones.

Un brindis por la vid:

Las fértiles laderas que rodean el lago de Garda han cultivado vides durante siglos, lo que ha dado lugar a una rica tradición vitivinícola. Mientras explora la región, asegúrese de brindar con estas especialidades locales:

- **Luganá:** Originario de la orilla sur del lago, Lugana es un vino blanco ligero y fresco producido principalmente a partir de la variedad de uva Trebbiano. Imagínese tomando un sorbo: la acidez refrescante baila en su lengua, complementada con toques sutiles de cítricos y flores blancas. La versatilidad de Lugana lo convierte en el maridaje perfecto para una variedad de platos, desde aperitivos ligeros hasta especialidades de mariscos como Missoltini o Brodetto di Garda.

Consejo profesional: Visite una bodega local en la región Lugana DOC y embárquese en una experiencia de degustación. Conozca el proceso de elaboración del vino, explore los viñedos y descubra los matices de este delicioso vino blanco.

- **Bardolino:** Producido en la orilla oriental del lago, Bardolino es un vino tinto de cuerpo ligero elaborado principalmente con uva Corvina. Imagínese haciendo girar el líquido rojo rubí en su vaso, mientras el aroma de cerezas y ciruelas maduras llena sus sentidos. Los taninos suaves y el final ligeramente amargo del Bardolino lo convierten en un complemento perfecto para los ricos platos de carne de las regiones del norte, como Bigoli al torchio con ragù d'anatra o Carne Salada.

Consejo profesional: Explore la encantadora ciudad de Bardolino, el corazón de esta región vinícola. Pasee por los viñedos, visite bodegas locales y disfrute de una comida tradicional acompañada de una copa de Bardolino.

- **Valpolicella:** A medida que se aventura hacia el norte, hacia las estribaciones de los Dolomitas, la escena vinícola se desplaza hacia la famosa región de Valpolicella. Aquí se produce una amplia gama de vinos tintos, incluido el icónico Amarone. Imagínese saboreando una copa de Valpolicella Classico, un vino tinto de cuerpo medio con notas de cereza, ciruela y especias. Es un vino versátil que combina maravillosamente con diversos platos, desde pastas hasta carnes a la parrilla.

Consejo profesional: Para vivir una experiencia verdaderamente única, profundice en el mundo de Valpolicella probando el legendario Amarone. Este vino tinto con mucho cuerpo, elaborado con uvas parcialmente pasas, presenta un perfil de sabor complejo con notas de frutos secos, especias y chocolate.

Cervezas locales y bebidas refrescantes

Si bien el vino reina, el lago de Garda ofrece otras deliciosas bebidas para saciar su sed y mejorar su experiencia culinaria.

- **Cerveza Artesanal (Cerveza Artesanal):** La escena de la cerveza artesanal está floreciendo alrededor del lago de Garda, con varias microcervecerías que ofrecen opciones únicas y sabrosas. Imagínese probando una cerveza pálida elaborada localmente, con su amargor a lúpulo perfectamente equilibrado con refrescantes notas cítricas. O qué tal una cerveza negra oscura y maltosa, ideal para una noche fresca. Muchos restaurantes y bares ofrecen cervezas artesanales locales de barril, lo que le permitirá embarcarse en un viaje de descubrimiento.

Consejo profesional: Explore las encantadoras ciudades y las joyas escondidas alrededor del lago, y esté atento a las cervecerías o pubs locales que muestran la escena de la cerveza artesanal de la región.

- **Licor de limón italiano:** Este licor de color amarillo brillante, sinónimo del sur de Italia, es una forma refrescante de culminar la comida. Imagínate saboreando el intenso sabor a limón, un rayo de sol en un vaso. El limoncello se sirve tradicionalmente frío, perfecto como digestivo después de una deliciosa comida.

Consejo profesional: Visite una tienda local especializada en limoncello y sus variaciones. Quizás descubras sabores únicos como la grappa al limone (grappa con limón) o la crema de limoncello, un capricho perfecto para los golosos.

Hora del Aperitivo:

Una tradición italiana por excelencia, el aperitivo es un ritual previo a la cena diseñado para estimular el apetito y socializar con amigos antes del plato principal. Imagínese sentado en la mesa de un café en una plaza bulliciosa, con la luz dorada del sol poniente pintando la escena con calidez. Mientras la gente se reúne para tomar el aperitivo vespertino, puedes unirte al ritual pidiendo un clásico Spritz Aperol. Este refrescante brebaje, elaborado con Aperol, prosecco y agua con gas, tiene un tono naranja vibrante y un agradable sabor agridulce. Imagínese tomando un sorbo: el burbujeante prosecco le hace cosquillas en la lengua, la dulzura del Aperol se equilibra con el refrescante refresco. Una rodaja de naranja colocada en el borde agrega un toque de ralladura cítrica, lo que la convierte en la bebida perfecta para relajarse y observar a la gente pasar antes de la cena.

Para darle un toque más local, aventúrese más allá del clásico Spritz y explore el mundo de los aperitivos regionales. Imagínese probando una copa de Campari, un licor amargo de color rojo rubí conocido por sus intensas notas herbáceas y cítricas. Un chorrito de Campari con agua con gas y una rodaja de naranja crea un aperitivo deliciosamente amargo y refrescante, perfecto para quienes disfrutan de un perfil de sabor más complejo.

No tenga miedo de profundizar más: muchos bares ofrecen aperitivos caseros únicos, mostrando ingredientes locales y la creatividad de sus bartenders. Imagínese saboreando un fragante aperitivo con romero de las colinas cercanas o una delicada mezcla de duraznos blancos locales. Estos brebajes únicos ofrecen una forma deliciosa de experimentar el espíritu del lago de Garda y su acogida de sabores frescos de temporada.

Cultura Cafetera:

El café es una forma de vida en Italia y el lago de Garda no es una excepción. Imagínese comenzando el día con una humeante taza de espresso en una cafetería local, mientras el rico aroma llena el aire. Los italianos se toman el café en serio y las opciones son simples pero perfectas: un espresso fuerte para un estimulante rápido, un capuchino cremoso para un capricho a media mañana o un suave latte macchiato para un capricho más decadente.

Consejo profesional: Muchas cafeterías ofrecen asientos al aire libre, lo que le permitirá disfrutar del ambiente de la ciudad mientras saborea su café. Observe a los lugareños mientras se reúnen con amigos, leen el periódico o simplemente disfrutan de un momento de paz con su taza de la mañana.

Delicias y tradiciones locales

Más allá de las bebidas específicas, el ritual del aperitivo implica disfrutar de pequeños platos de comida. Imagínese mordisqueando bocadillos salados como aceitunas, embutidos, bruschetta o pequeños pasteles fritos. Estos bocadillos están diseñados para abrir el apetito y brindar un elemento social a la reunión previa a la cena.

Consejo profesional: Muchos establecimientos ofrecen "buffets de aperitivos" donde puedes pagar un precio fijo y disfrutar de una variedad de platos pequeños junto con la bebida elegida. Esta es una manera encantadora de probar una selección de especialidades locales y experimentar la atmósfera social de la tradición del aperitivo.

La esencia del lago de Garda

Relajarse con cervezas y bebidas locales en el lago de Garda es más que simplemente saciar la sed. Se trata de abrazar el estilo de vida italiano, saborear el momento y conectar con la gente y el lugar. Al brindar por el impresionante paisaje, la deliciosa comida y la compañía de sus seres queridos, comprenderá por qué el Lago de Garda es más que un simple destino de vacaciones: es una experiencia para los sentidos, un lugar donde se crean recuerdos y Se cuentan historias, un refrescante sorbo a la vez.

Explorando la comida callejera y los mercados

Imagínese paseando por un vibrante mercado en una encantadora ciudad junto a un lago. El aire está lleno de charlas y risas, una sinfonía de aromas tentadores que llenan tus sentidos. Los puestos coloridos están repletos de productos frescos: frutas relucientes, verduras regordetas y hierbas aromáticas. Pero en medio de la abundancia, otro elemento atractivo llama la atención: el atractivo irresistible de la comida callejera, una ventana deliciosa a las tradiciones culinarias locales del lago de Garda.

Prepárese para embarcarse en una aventura culinaria más allá de los límites de los restaurantes. Aquí, en medio de la bulliciosa atmósfera de mercados y vendedores ambulantes, descubrirá la verdadera esencia de la cultura gastronómica italiana, donde los ingredientes frescos de temporada se transforman en delicias simples pero deliciosas.

Mercado: Desenzano del mercado semanal de Garda

- Ubicación: Piazza Matteotti, Desenzano del Garda, Italia
- Días de funcionamiento: sábados
- Horario de atención: 7:30 a. m. - 1:00 p. m.

- Especialidades:** Productos frescos, quesos locales, embutidos, especialidades regionales como miel y aceite de oliva, artesanía hecha a mano.

- Rango de precios promedio: Varía según el producto.

- Consejos para la negociación: la negociación ligera es aceptable, especialmente hacia el final del mercado.

Imagínese paseando por el mercado semanal de Desenzano del Garda, un vibrante caleidoscopio de colores y texturas. Los puestos rebosan de frutas y verduras frescas, y sus tonos vibrantes son un testimonio del suelo fértil de la región. Imagine el dulce aroma del pan recién horneado mezclado con el fuerte sabor de los quesos locales y las notas ahumadas de los embutidos. A medida que profundices, no te pierdas los puestos que exhiben especialidades regionales como miel y aceite de oliva producidos localmente, perfectos para llevarte el sabor del lago de Garda a casa.

Proveedor: Vendedor de sándwiches de porchetta (vendedor ambulante)

- Ubicación: varios lugares en todo el lago de Garda (a menudo cerca de las principales plazas o zonas turísticas)

- Horario de atención: normalmente durante el horario de almuerzo (de 12:00 p. m. a 2:00 p. m.)

- Plato de Especialidad: Sándwich de Cerdo Asado

- Coste medio: 5€-7€

- Debes probarlo: pregunta por la opción "con tutto" (con todo), donde tu panino se rellena generosamente con suculento cerdo asado, un chorrito de aceite de oliva y una pizca de romero.

Imagínese el delicioso aroma del cerdo asado flotando en el aire, atrayéndolo hacia un alegre vendedor ambulante. Esta es tu oportunidad de disfrutar de una clásica comida callejera italiana: el Panino con la Porchetta. Imagínese sosteniendo un panecillo caliente y crujiente rebosante de cerdo asado tierno y jugoso sazonado con hierbas aromáticas. Al darle un mordisco, las texturas contrastantes y los sabores explosivos te dejarán con ganas de más. Este plato sencillo pero satisfactorio es la encarnación perfecta de la cultura de la comida callejera italiana y ofrece una forma deliciosa y asequible de experimentar los sabores locales.

Mercado: Mercado de los viernes de Malcesine

- Ubicación: Piazza Vecchia (Plaza de la Ciudad Vieja), Malcesine, Italia
- Días de funcionamiento: viernes
- Horario de atención: 8:00 a. m. - 1:00 p. m.
- Especialidades: Productos frescos, artesanía local, ropa, souvenirs, especialidades regionales como miel y mermeladas.
- Rango de precios promedio: Varía según el producto.
- Consejos para negociar: se aceptan negociaciones ligeras, especialmente para artículos hechos a mano.

Imagínese paseando por el encantador mercado de los viernes de Malcesine, ubicado en el corazón del centro histórico de la ciudad. Las calles adoquinadas están repletas de coloridos puestos que ofrecen una deliciosa combinación de productos frescos, artesanía local y recuerdos únicos. Mientras pasea, asegúrese de probar la famosa miel y mermeladas de la región, repletas de sabores frescos de temporada.

Proveedor: Vendedor de helados (vendedor ambulante)

- Ubicación: En todo el lago de Garda (ciudades, plazas, zonas turísticas)

- Horario de funcionamiento: normalmente desde última hora de la mañana hasta última hora de la noche (de 10:00 a. m. a 22:00 p. m.)

- Plato de especialidad: Gelato (helado italiano)

- Coste medio: 2-4€ por cucharada

- Debe probarlo: no tenga miedo de experimentar con sabores únicos como pistacho, higo con ricotta o miel de lavanda.

Imagínese disfrutando de una tradición italiana por excelencia: saboreando una bola de helado en una tarde soleada. Los omnipresentes vendedores de helados son un elemento fijo en todo el lago de Garda y ofrecen una forma refrescante y deliciosa de refrescarse. Imagínese parado frente a un carrito de colores brillantes repleto de tarrinas de helado de colores vibrantes. Cada sabor tiene un nombre que despierta tu imaginación: Crema di Limone (crema de limón), Nocciola (avellana) o Fico e Ricotta (higo y ricotta). No temas salir de tu zona de confort y probar un sabor único como Fior di Latte e Fichi (flor de leche e higos) o Lavanda e Miele (miel de lavanda). La textura cremosa y los sabores intensos del auténtico helado italiano son una aventura sensorial garantizada.

Mercado: Festival del Vino Bardolino (evento anual)

- Ubicación: Centro histórico de Bardolino, Italia

- Días de funcionamiento: último fin de semana de septiembre

- Horario de funcionamiento: varía según el día (normalmente por la noche y los fines de semana)

- Especialidades: Vinos locales, especialidades de comida regional, música en vivo, artesanía.

- Rango de precios promedio: varía según el proveedor.

- Consejos para negociar: no aplicable (los precios suelen ser fijos)

Imagínese inmerso en la vibrante atmósfera del Festival del Vino Bardolino, una celebración de la reconocida tradición vitivinícola de la región. Este evento, que se celebra anualmente en la encantadora ciudad de Bardolino, transforma el centro histórico en una fiesta para los sentidos. Puestos repletos de botellas de Bardolino y otros vinos locales se alinean en las calles, invitándote a probar las mejores cosechas de la región. Mientras bebe una copa de vino, deléitese con deliciosas especialidades gastronómicas como pescado del lago a la parrilla o salados salumi (carnes curadas). Música en vivo y un ambiente festivo completan la experiencia, haciendo de la Fiesta del Vino Bardolino un evento verdaderamente inolvidable.

Proveedor: Vendedor de pescado del lago (vendedor ambulante)

- Ubicación: varios lugares alrededor del lago de Garda (a menudo cerca de puertos, marinas o zonas turísticas)
- Horario de funcionamiento: normalmente durante el almuerzo y la cena (12:00 p. m. - 2:00 p. m., 7:00 p. m. - 9:00 p. m.)
- Plato de Especialidad: Pescado Frito (varios tipos según la pesca)
- Coste medio: 5-10 € por ración
- Debe probarlo: opte por un "cartoccio di pesce misto" (bolsa de papel de pescado mixto), una deliciosa variedad de pescado del lago recién pescado frito hasta quedar crujiente.

Imagina el irresistible aroma del pescado recién frito flotando en el aire y atrayéndote hacia un alegre vendedor ambulante. Esta es tu oportunidad de saborear la generosidad del lago de Garda con un plato sencillo pero delicioso de pescado frito. Imagínese sosteniendo un cono de papel lleno de una variedad de trozos de pescado crujientes, cada uno lleno de sabor fresco. Un chorrito de limón y una pizca de sal es todo lo que necesitas para convertir esta sencilla comida callejera en una deliciosa experiencia culinaria.

Mercado: Mercado de agricultores de Limone sul Garda

- Ubicación: Piazza Trinita (Plaza de la Trinidad), Limone sul Garda, Italia
- Días de funcionamiento: miércoles
- Horario de atención: 8:00 a. m. - 1:00 p. m.
- Especialidades: Productos locales (con especial atención a los cítricos), aceite de oliva, queso, flores, artesanía local.
- Rango de precios promedio: Varía según el producto.
- Consejos para negociar: se aceptan negociaciones ligeras, especialmente para cantidades grandes

Imagínese paseando por el pintoresco mercado de agricultores de Limone sul Garda, una vibrante muestra de la riqueza agrícola de la región. Ubicado en una encantadora plaza con vista al lago, el mercado es una sinfonía de colores y texturas. Los puestos rebosan de frutas y verduras frescas, con especial atención a los cítricos como limones, naranjas y pomelos, lo que refleja el nombre de la ciudad (Limone se traduce como "limón" en italiano). Asegúrese de probar el famoso aceite de oliva de la región y una selección de quesos locales, perfectos para crear un delicioso picnic.

Restaurantes mejor valorados para cada ocasión

El lago de Garda es un paraíso para los amantes de la gastronomía y ofrece una escena culinaria diversa que se adapta a todos los gustos y presupuestos. Ya sea que esté buscando una experiencia romántica y elegante, un almuerzo informal con impresionantes vistas al lago o una deliciosa comida familiar, encontrará el restaurante perfecto para deleitar su paladar. Abróchese el cinturón mientras nos embarcamos en una aventura culinaria a través de algunos de los mejores restaurantes alrededor del lago, clasificados por presupuesto y cocina para ayudarlo a planificar su experiencia gastronómica perfecta.

Buena cena:

Restaurante Lido 84:

- Dirección: Via Lungolago Zanardelli, 149, 25083 Gardone Riviera, Italia
- Contacto: +39 0365 290282
- Sitio web: https://www.ristorantelido84.com/es/home-2/
- Tipo de cocina: italiana moderna centrada en ingredientes locales frescos.
- Coste medio de la comida: 80 €-120 €+
- Horario de apertura: Almuerzo: 12:30 p. m. - 2:30 p. m., Cena: 7:30 p. m. - 10:00 p. m. (cerrado los martes)
- Reservas: Muy recomendable
- Especialidades: Menús de degustación con ingredientes de temporada, platos de autor como "Pescado blanco del Lago de Garda con cítricos y hierbas" o "Lomo de cordero con ajo negro y puré de berenjenas".

Imagínese disfrutando del ambiente elegante del Restaurante Lido 84, una joya con estrella Michelin ubicada en la orilla occidental del lago. Con su impresionante terraza frente al lago y su impecable servicio, este lugar es perfecto para una ocasión especial. Aquí, la atención se centra en los ingredientes frescos de temporada transformados en obras maestras italianas modernas con estilo artístico. Deléitese con un menú de degustación, que le permitirá al chef llevarlo en un viaje culinario a través de la riqueza de la región, o elija de su menú a la carta que incluye exquisitos platos de mariscos y creaciones innovadoras de carne.

El Banco:

- Dirección: Via Regina Adelaide, 3, 25010 Desenzano del Garda, Italia
- Contacto: +39 030 914 3000
- Sitio web: https://www.tripadvisor.com/Restaurant_Review-g194863-d1116369-Reviews-Ristorante_La_Sponda-Positano_Amalfi_Coast_Province_of_Salerno_Campania.html (solo italiano)
- Tipo de cocina: Italiana clásica con énfasis en mariscos.
- Coste medio de la comida: 70 €-100 €+
- Horario de apertura: Almuerzo: 12:30 p. m. - 2:30 p. m., Cena: 7:30 p. m. - 10:00 p. m. (Cerrado los lunes)
- Reservas: Muy recomendable
- Especialidades: platos de pescado fresco del lago como el "carpaccio de pescado blanco del lago de Garda" o la "lubina al horno con costra de sal marina", amplia carta de vinos.

Imagínese dejarse llevar por las impresionantes vistas al lago en La Sponda, un elegante establecimiento ubicado dentro del prestigioso Hotel Du Parc. Este elegante restaurante ofrece una experiencia gastronómica italiana clásica con un fuerte énfasis en especialidades de mariscos frescos. Imagínese saboreando una lubina entera perfectamente asada, cuyo delicado sabor se realza con una simple salsa de limón. No pierda la oportunidad de explorar su extensa carta de vinos, que incluye opciones locales e internacionales para complementar perfectamente su comida.

Comida deliciosa sin gastar mucho dinero

Trattoria La Vecchia Guardia:

- Dirección: Via Carreggiate, 18, 37016 Garda, Italia
- Contacto: +39 045 720 0039
- Sitio web: https://www.facebook.com/lavecchiaguardia67/ (solo italiano)
- Tipo de cocina: italiana tradicional con especial atención a las especialidades regionales.
- Coste medio de la comida: 30€-50€
- Horario de apertura: 12:00 p. m. - 3:00 p. m., 6:00 p. m. - 10:00 p. m. (cerrado los miércoles)
- Reservas: Recomendado, especialmente los fines de semana.
- Especialidades: Bigoli al torchio con ragú de pato (pasta con ragú de pato), Carne Salada (ternera salada) con frijoles de Trentino, postres caseros como Panna Cotta

Imagínese escondido en una acogedora trattoria, con el aroma de las salsas hirviendo y las hierbas frescas llenando el aire. Trattoria La Vecchia Guardia, ubicada en el centro histórico de la ciudad de Garda, ofrece una experiencia gastronómica italiana por excelencia sin el alto precio. Aquí la atención se centra en las especialidades regionales preparadas con ingredientes frescos de temporada. Deléitese con un abundante plato de Bigoli al torchio con ragù d'anatra, la pasta espesa perfectamente cubierta con un rico y sabroso ragú de pato. No pierdas la oportunidad de probar la Carne Salada, la carne curada, servida con un chorrito de aceite de oliva, jugo de limón y pimienta negra para un entrante ligero y refrescante. Y para un final dulce, deléitese con una porción de su Panna Cotta casera, un postre italiano cremoso y delicioso.

La cocina de mamá Rosa:

- Dirección: Via Nuova, 2, 25083 Gardone Riviera, Italia
- Contacto: +39 0365 290123
- Sitio web: https://m.facebook.com/groups/2442480069149100/posts/8178899852173731/ (solo italiano)
- Tipo de cocina: Italiana familiar con enfoque en platos caseros.
- Coste medio de la comida: 25€-40€
- Horario de apertura: 12:00 p. m. - 3:00 p. m., 7:00 p. m. - 10:00 p. m. (cerrado los martes)
- Reservas: Recomendadas, especialmente durante la temporada alta.
- Especialidades: pizzas con una variedad de aderezos, platos de pasta casera como Tagliatelle al ragù (pasta con salsa de carne), platos de pescado fresco, opciones de menú para niños.

Imagínese rodeado de un ambiente cálido y acogedor en La Cucina di Mamma Rosa. Este restaurante familiar encarna el espíritu de la cocina casera italiana y ofrece comidas deliciosas y reconfortantes para todos los paladares. Imagínese comiendo una pizza hecha al horno de leña, con su corteza crujiente acompañada de una explosión de ingredientes frescos. O opte por un plato reconfortante de Tagliatelle al ragù casero, la pasta perfectamente cocida y cubierta con una rica salsa de carne cocida a fuego lento a la perfección. También atienden a los más pequeños con un menú infantil exclusivo que ofrece opciones más sencillas pero igualmente deliciosas.

Cena casual:

Bar en el Puente:

- Dirección: Via Gardesana, 46, 38069 Torbole sul Garda, Italia
- Contacto: +39 0464 505 222
- Sitio web: https://pl-pl.facebook.com/Dok10barkitchen/ (solo italiano)
- Tipo de cocina: comida italiana ligera centrada en ingredientes locales y vistas al lago.
- Coste medio de la comida: 15€-25€
- Horario de apertura: 8:00 a. m. - medianoche (abierto todos los días)
- Reservas: No requeridas
- Especialidades: Panini con varios rellenos, ensaladas, tablas de quesos y embutidos locales, selección de cervezas y vinos locales.

Imagínese tomando el sol en la terraza del Bar al Ponte, un restaurante informal situado frente al lago en Torbole. Este lugar ofrece impresionantes vistas del agua y las montañas circundantes, lo que lo convierte en el lugar perfecto para un almuerzo relajado o un refrescante aperitivo. Deléitese con un clásico panini italiano, un panecillo crujiente relleno con su elección de carnes, quesos y verduras frescas. O bien, opte por una ensalada ligera o una tabla de quesos y embutidos locales, lo que le permitirá saborear la generosidad de la región. Combine su comida con una cerveza local o una copa de vino para vivir una experiencia verdaderamente italiana.

La Limonaia sul Lago:

- Dirección: Via Carreggiate, 28, 37016 Garda, Italia
- Contacto: +39 045 720 0110

- Sitio web: https://m.facebook.com/LimonaiaLoungeBar/photos/ (solo italiano)

- Tipo de cocina: Italiana informal centrada en mariscos frescos y cenas frente al lago.

- Coste medio de la comida: 20€-35€

- Horario de apertura: 12:00 p. m. - 3:00 p. m., 6:00 p. m. - 11:00 p. m. (cerrado los martes)

- Reservas: Recomendadas, especialmente para cenar.

- Especialidades: platos de pescado fresco del lago como sardinas asadas (Missoltini), platos de pasta con mariscos, pizzas con aderezos únicos.

Imagínese disfrutando de la suave brisa del lago mientras cena en La Limonaia sul Lago. Este restaurante informal cuenta con una encantadora zona para sentarse al aire libre, que ofrece impresionantes vistas del agua mientras saborea una deliciosa comida. Aquí, la atención se centra en el marisco fresco, un verdadero testimonio de la generosidad del lago de Garda. Deléitese con un plato de Missoltini a la parrilla, el manjar local de sardinas curadas, o deléitese con un plato de pasta con mariscos, lleno de sabores del lago. También ofrecen una variedad de pizzas con aderezos únicos, que satisfacen diversas preferencias de sabor.

Delicias de la vida nocturna: bares y opciones de entretenimiento

A medida que el sol se oculta tras el horizonte, pintando el cielo con tonos vibrantes, se despierta un tipo diferente de energía alrededor del lago de Garda. El animado murmullo de las conversaciones llena el aire, la música se derrama desde los acogedores bares y el lago se transforma en un brillante telón de fondo para una noche inolvidable. Ya sea que esté buscando una pista de baile vibrante, un lugar romántico para tomar cócteles bajo las estrellas o un bar animado con impresionantes vistas al lago, el Lago de Garda ofrece algo para todos los noctámbulos.

Bares animados para la gente fiestera

Bar Corno Cócteles y Discoteca:

- Dirección: Lungolago Zanardelli, 23, 25083 Gardone Riviera, Italia
- Contacto: +39 0365 290158
- Sitio web: https://www.facebook.com/rivieragelateria/?locale=it_IT (solo italiano)
- Cuota de entrada: Gratis
- Noches temáticas: Noches de música en vivo (el horario varía)
- Horario de apertura: 8:00 p. m. - 3:00 a. m. (cerrado los martes)
- Restricciones de edad: 18+

Imagínese entrando en la vibrante atmósfera del Bar Corno, un animado lugar de moda en la Riviera Gardone. La energía es eléctrica, con música pulsando en el aire y risas llenando la habitación. Este bar es un paraíso para los fiesteros y ofrece una variada selección de cócteles, cervezas locales e internacionales y una amplia variedad de licores. Algunas noches, el lugar se transforma en un lugar de música en vivo, presentando talentos locales y DJ de renombre. Ya sea que esté bailando toda la noche o simplemente disfrutando de la energía contagiosa, Bar Corno le garantiza una noche inolvidable.

Chiringuito Mojito:

- Dirección: Via Lungolago Zanardelli, 230, 25083 Gardone Riviera, Italia
- Contacto: +39 0365 290140

- Sitio web: https://m.facebook.com/mojitobeachbar.rhodes/events/ (solo italiano)
- Cuota de entrada: Gratis
- Noches Temáticas: Fiestas temáticas (el horario varía)
- Horario de apertura: 5:00 p. m. - 2:00 a. m.
- Restricciones de edad: 18+

Imagínese absorbiendo la animada atmósfera del Mojito Beach Bar, un lugar vibrante ubicado directamente a orillas del lago Gardone Riviera. Con su terraza al aire libre y sus impresionantes vistas al lago, este bar es perfecto para disfrutar de una copa antes de cenar o relajarse a medida que avanza la noche. Cuentan con una extensa lista de cócteles, centrándose en su homónimo, el Mojito, que se ofrece en una variedad de sabores creativos. Algunas noches, el bar organiza fiestas temáticas, transformando el espacio en una celebración vibrante. Entonces, toma un cóctel refrescante, disfruta de las impresionantes vistas del lago y deja que el ritmo de la música te guíe hacia una noche memorable.

Opciones panorámicas frente al lago para una velada romántica

Bar en el Puente:

- Dirección: Via Rimembranze, 14, 25083 Gardone Riviera, Italia
- Contacto: +39 0365 290107
- Sitio web: https://www.facebook.com/GazellePilates/posts/843955781074359/ (solo italiano)
- Cuota de entrada: Gratis
- Noches temáticas: ninguna
- Horario de apertura: 8:00 p. m. - 2:00 a. m. (cerrado los lunes)

- Restricciones de edad: ninguna

Imagínese enclavado en el encantador Bar al Ponte, una joya escondida escondida en un puente con vistas a las brillantes aguas del lago de Garda. El ambiente íntimo y la iluminación suave crean un ambiente romántico, perfecto para una velada especial con su ser querido. Mientras saborea una copa de vino local o un cóctel artesanal, maravíllese con las impresionantes vistas del lago que reflejan las luces parpadeantes de la ciudad. Los suaves sonidos del agua y la suave melodía que suena de fondo proporcionan la banda sonora perfecta para conversaciones íntimas y recuerdos preciados.

Bar de cócteles Central:

- Dirección: Piazza Municipio, 3, 25020 San Felice del Benaco, Italia
- Contacto: +39 0365 590210
- Sitio web: https://www.facebook.com/trattoriabarcentralesanfelicedelbenaco/ (solo italiano)
- Cuota de entrada: Gratis
- Noches temáticas: ninguna
- Horario de apertura: 5:00 p. m. - 2:00 a. m.
- Restricciones de edad: ninguna

Imagínese disfrutando del ambiente elegante del Centrale Cocktail Bar, un refugio sofisticado en el corazón de San Felice del Benaco. Este bar rezuma sillones lujosos, iluminación cálida y una lista de cócteles bellamente seleccionada que incluye brebajes clásicos y creaciones innovadoras de sus hábiles bartenders. Mientras se instala y admira la encantadora plaza, deje que los expertos cocteleros elaboren un cóctel personalizado según sus preferencias. Ya sea que prefiera un refrescante Aperol Spritz para disfrutar del atardecer o un suave Old Fashioned para saborear más tarde en la noche, Centrale ofrece la bebida perfecta para complementar su velada romántica junto al lago.

Más allá de las rejas:

El lago de Garda ofrece algo más que una vibrante escena de bares. Aquí hay algunas opciones de entretenimiento alternativas para mantenerte ocupado después del anochecer:

- **Casino Gardone:** Sumérgete en el brillo y el glamour del Casinò di Gardone, un casino histórico ubicado en Gardone Riviera. Pruebe suerte en las mesas de ruleta, máquinas tragamonedas o juegos de póquer, o simplemente admire el opulento interior y disfrute del ambiente sofisticado. (Cuota de entrada: Varía dependiendo del día y hora)

- **Lugares de música en vivo:** Varias ciudades alrededor del lago, como Bardolino y Sirmione, cuentan con locales de música animados con bandas locales y artistas internacionales. Asista a una noche de jazz, un concierto de rock o una actuación de música folclórica tradicional italiana para pasar una velada inolvidable. (Cuota de inscripción: varía según el lugar y la actuación)

- **Cine al aire libre:** Durante los meses de verano, varios pueblos alrededor del lago acogen proyecciones de cine al aire libre bajo las estrellas. Imagínese acurrucado en una manta bajo el cielo estrellado, disfrutando de una película clásica o un éxito de taquilla reciente con el impresionante telón de fondo del Lago Garda. (Tarifa de entrada: normalmente gratuita o con una pequeña tarifa)

- **Paseos Nocturnos en Barco:** Experimente la magia del lago de Garda desde una perspectiva diferente embarcándose en un recorrido nocturno en barco. Deslízate por las tranquilas aguas mientras los pueblos brillan con luces, creando una atmósfera verdaderamente mágica. Algunos tours incluso ofrecen opciones de aperitivo o cena a bordo, lo que la convierte en una experiencia lujosa e inolvidable. (Tarifa de entrada: varía según el tour y la duración)

Con sus diversas opciones de vida nocturna, desde animados bares y lugares románticos frente al lago hasta experiencias de entretenimiento únicas, el lago de Garda garantiza que sus noches sean tan cautivadoras como sus días. Entonces, levante una copa, disfrute de la atmósfera vibrante y deje que se desarrolle la magia de las noches del lago de Garda.

Parte 5: Itinerarios seleccionados para cada viajero

Itinerario para entusiastas del aire libre

El lago de Garda es un paraíso para los amantes de las actividades al aire libre y ofrece un paisaje diverso que satisface todos los niveles de emoción. Ya sea que sea un excursionista experimentado que anhela vistas de las montañas, un aficionado al ciclismo que busca rutas panorámicas o un fanático de los deportes acuáticos que anhela aventuras llenas de adrenalina, el Lago Garda promete una experiencia inolvidable. ¡Abróchate el cinturón y prepárate para abrazar el lado activo de este impresionante destino italiano con nuestro itinerario de 3 días repleto de actividades emocionantes!

Día 1: Conquista del Monte Baldo: una caminata con recompensas impresionantes

Mañana:

Caminata: Sendero Punta Telégrafo (Dificultad Media)

- Dirección: Inicio del sendero ubicado en Malcesine (múltiples puntos de partida según la ruta elegida) (https://www.visitmalcesine.com/tour/a-punta-telegrafo-en-el-monte-baldo)
- Costo: Gratis (viaje en teleférico opcional)
- Indicaciones: Desde varios puntos de Malcesine, siga las indicaciones hacia "Funivia Malcesine Monte Baldo" (teleférico de Malcesine al Monte Baldo). El sendero Punta Telégrafo comienza cerca de la estación superior del teleférico.

- Información adicional: este sendero circular de 5 km, moderadamente desafiante, ofrece vistas panorámicas del lago de Garda, las montañas circundantes e incluso vislumbres de ciudades distantes. Espere aproximadamente de 3 a 4 horas para completar el circuito, incluido el tiempo para tomar fotografías y disfrutar del paisaje. Use zapatos resistentes para caminar y traiga mucha agua y protector solar.

Imagínese despertando con la anticipación de una aventura emocionante. Después de un abundante desayuno, diríjase a Malcesine, una encantadora ciudad situada al pie del monte Baldo. Aquí tienes la opción de conquistar la montaña tomando el pintoresco teleférico o embarcándote en una desafiante caminata por los sinuosos senderos.

Si eliges el teleférico, las vistas a medida que asciendes te dejarán sin aliento. Imagínese las aguas turquesas del lago de Garda extendiéndose debajo de usted, enmarcadas por los majestuosos picos de las montañas circundantes. Al llegar a la cima encontrarás el punto de partida del Sendero Punta Telégrafo.

Mientras te embarcas en la caminata, el vigorizante aire de la montaña llenará tus pulmones y las vistas panorámicas te dejarán sin aliento. Imagínese navegando a través de fragantes bosques de pinos, atravesando prados repletos de flores silvestres y deteniéndose en miradores estratégicos para capturar el impresionante paisaje. El desafío físico moderado te hará sentir lleno de energía y realizado.

Tarde:

Actividad: Explora el encantador pueblo de Torri del Benaco (relajación junto al lago)**

- Direcciones: Desde Malcesine, tome un ferry que cruce el lago hasta Torri del Benoco (viaje de aproximadamente 30 minutos). Los ferries operan regularmente durante todo el día. Los billetes de ferry se pueden comprar online o en el muelle. (https://www.navigazionelaghi.it/es/billetes-y-horarios-lago-garda/)

- Coste: Billete de ferry (10€-15€ ida y vuelta)

Imagínese dando un relajante paseo en ferry por las aguas cristalinas del lago de Garda. Mientras la brisa fresca acaricia tu rostro y el sol calienta tu piel, disfruta del pintoresco paisaje y sumérgete en la tranquilidad del momento. Al llegar al encantador pueblo de Torri del Benaco, una joya medieval encaramada en un acantilado con vistas al lago, déjate transportar al pasado.

Pasee por las estrechas calles adoquinadas, explore el imponente Castillo Scaligero y sumérjase en el encanto histórico de la ciudad. Tómese un descanso en una pintoresca cafetería junto al lago, deléitese con un delicioso helado italiano y observe las suaves olas rompiendo contra la orilla. El sol de la tarde pintará el cielo con tonos vibrantes, creando un final perfecto para su día de aventuras.

Noche:

Actividad: Cena con vistas en Malcesine (ambiente romántico junto al lago)**

- Opciones: En Malcesine hay numerosos restaurantes con mesas al aire libre que ofrecen impresionantes vistas al lago.

Imagínese culminando su emocionante día con una cena romántica en Malcesine. Elija un restaurante con una encantadora terraza con vistas al lago, donde podrá disfrutar de una deliciosa comida bajo el cielo estrellado. Mientras saborea las especialidades locales y cuenta las aventuras del día, el suave chapoteo del agua creará una atmósfera serena e inolvidable.

Mañana:

Actividad: Alquiler de bicicletas eléctricas y ruta panorámica junto al lago

- Ubicación: En las ciudades que bordean el lago de Garda hay numerosas tiendas de alquiler de bicicletas.

- Costo: Alquiler de bicicletas eléctricas (25 €-40 € por día)

- Indicaciones: Elija una tienda de alquiler de bicicletas cerca de su alojamiento y elija su fiel corcel para el día. La mayoría de las tiendas ofrecen bicicletas eléctricas, que facilitan la subida de colinas y le permiten concentrarse en disfrutar del paisaje. Dirígete hacia el sur por la orilla occidental del lago, siguiendo los carriles bici designados.

Imagínese comenzando el día con una dosis de aire fresco y un paisaje impresionante. Alquile una bicicleta eléctrica, una opción perfecta para explorar el diverso terreno del lago sin sudar. Al embarcarse en su viaje, siga el carril bici designado que bordea la orilla occidental del lago de Garda. El suave sol de la mañana calentará tu piel y la brisa vigorizante llenará tus pulmones.

Imagínese el agua cristalina del lago brillando a su izquierda, enmarcada por exuberantes montañas verdes a su derecha. Tómese su tiempo y pasee por ciudades encantadoras como Limone sul Garda, conocida por sus plantaciones de cítricos, y Gardone Riviera, una ciudad turística junto al lago que cuenta con hermosos jardines y villas históricas. Deténgase para darse un refrescante baño en una cala apartada o tome un capuchino en una pintoresca cafetería con vista al lago.

Tarde:

Actividad: Explora la Cascada Oculta de Varone (Maravilla Natural)**

- Dirección: Via Castelletto Inferiore, 38, 38066 Riva del Garda, Italia

- Coste: Entrada (6€-8€)

- Direcciones: Desde cualquier punto a lo largo de la costa occidental, siga las indicaciones hacia "Cascata Varone". La cascada se encuentra a poca distancia del interior de Riva del Garda.

Imagínese tomando un desvío del sendero junto al lago para descubrir una joya escondida: la cascada Varone. Esta maravilla natural, escondida en medio de una exuberante vegetación, cuenta con una cascada que cae más de 80 metros en un espectacular desfiladero. Una red de túneles y pasarelas excavadas en la roca le permite experimentar el poder y la belleza de la cascada desde diferentes puntos de vista.

A medida que desciendas a las frescas profundidades del desfiladero, el rugido del agua en cascada llenará tus oídos y la niebla creará una sensación refrescante. Maravíllate ante las intrincadas formaciones rocosas y la exuberante vegetación que prospera en el constante rocío de la cascada. Esta maravilla natural es un bienvenido respiro del cálido sol del verano y un recordatorio de la cruda belleza de la región.

Noche:

Actividad: Noche de música en vivo en un bar local en Riva del Garda (vida nocturna vibrante)

- Opciones: En Riva del Garda se pueden encontrar numerosos bares y pubs con música en vivo, especialmente durante la temporada alta.

Imagínese sumergiéndose en la animada vida nocturna de Riva del Garda. Después de un día explorando, relájese en un bar local que ofrece música en vivo. A medida que el sol se esconde en el horizonte, la ciudad se transforma en un vibrante centro de actividad. Instálese con una bebida refrescante y disfrute del talento musical de los artistas locales, que van desde música folclórica tradicional italiana hasta bandas de jazz contemporáneas.

El ambiente estará lleno de conversaciones y risas, y la música proporcionará la banda sonora perfecta para una velada memorable. Esta es una gran oportunidad para socializar con lugareños y compañeros de viaje, compartir historias sobre las aventuras de su día y absorber la energía contagiosa de la ciudad.

Mañana:

Actividad: Surf de remo (SUP) en las tranquilas aguas del lago**

- Ubicación: Numerosas empresas ofrecen alquiler y lecciones de SUP en todo el lago.

- Coste: Alquiler de SUP (15-20€ la hora) + lección (opcional, 20-30€)
- Indicaciones: Elija una empresa cerca de su alojamiento que ofrezca alquiler y lecciones de SUP. La mayoría de las lecciones se llevan a cabo en calas o bahías protegidas con aguas tranquilas.

Imagínese comenzando su último día con una nota tranquila. Alquile una tabla de remo (SUP) y deslícese por la superficie cristalina del lago. Con las majestuosas montañas reflejadas en el agua cristalina y el suave sol de la mañana calentando tu piel, esta actividad es una combinación perfecta de ejercicio y relajación.

Mientras rema por las tranquilas aguas, disfrute del impresionante paisaje desde una perspectiva única. Siente el suave ritmo del agua debajo de tu tabla y la brisa fresca acariciando tu rostro. Para los principiantes, considere tomar una lección para dominar los conceptos básicos antes de aventurarse por su cuenta.

Tarde:

Actividad: Aventura en kayak para explorar grutas escondidas (un viaje de descubrimiento)

- Ubicación: Numerosas empresas ofrecen recorridos en kayak enfocados en explorar grutas escondidas, particularmente a lo largo de las costas este y norte.
- Coste: Ruta guiada en kayak (40€-60€)
- Indicaciones: reserve el recorrido elegido con anticipación y reúnase en el punto de partida designado, que variará según la compañía y las grutas específicas exploradas.

Imagínese embarcarse en una emocionante aventura en kayak, remando a lo largo de la escarpada costa de las orillas este o norte del lago de Garda. Con un guía experto que te guiará, navegarás a través de calas escondidas y descubrirás grutas secretas, cuevas naturales talladas por las implacables olas durante siglos.

Al ingresar a estos espacios frescos y cavernosos, la luz del sol que se filtra a través del agua creará un brillo etéreo. Maravíllate ante las formaciones rocosas únicas y escucha el eco de tus golpes de remo contra el agua. Esta actividad ofrece una perspectiva única de la belleza del lago y una sensación de descubrimiento mientras exploras maravillas ocultas.

Noche:

- **Actividad:** Cena de despedida con espectáculo de fuegos artificiales junto al lago (gran final)**

- Ubicación:** Hay numerosos restaurantes con mesas al aire libre en las ciudades que bordean el lago de Garda, especialmente aquellas con una vista despejada del lago.

Imagínese culminando su inolvidable aventura con una cena de celebración de despedida. Elija un restaurante con una impresionante vista al lago, donde podrá saborear una deliciosa comida mientras recuerda las experiencias de los últimos días. A medida que la noche se hace más profunda, mantén los ojos bien abiertos para ver un deslumbrante espectáculo de fuegos artificiales que a menudo ilumina el cielo nocturno sobre el lago, especialmente durante la temporada alta.

Las vibrantes explosiones de color reflejadas en el agua crearán un espectáculo mágico, el final perfecto para su aventura llena de acción alrededor del lago de Garda. Al despedirse de esta hermosa región, los recuerdos de paisajes impresionantes, actividades emocionantes y comida deliciosa permanecerán con usted mucho después de su regreso a casa.

Una escapada romántica

El lago de Garda, con sus impresionantes paisajes, sus encantadoras ciudades y su atmósfera tranquila, es el destino perfecto para reavivar la chispa o celebrar su historia de amor. Imagínense paseando de la mano por la pintoresca orilla del lago, disfrutando de deliciosas comidas con impresionantes paisajes y creando juntos recuerdos inolvidables. Este itinerario de 3 días está diseñado para mimar sus sentidos y brindarle una escapada romántica en medio de la belleza del lago Garda.

Día 1: Preparando el escenario - Un día de encantamiento y exploración

Mañana:

Actividad: Tour privado en barco con almuerzo tipo picnic (romance a medida)**

- Ubicación:** Numerosas empresas ofrecen recorridos en botes privados con salida desde varios pueblos alrededor del lago. (https://www.tripadvisor.com/Attraction_Review-g187842-d7714598-Reviews-Garda_Tours-Sirmione_Province_of_Brescia_Lombardy.html)
- Coste:** Varía según el tamaño del barco, la duración y las opciones de catering (aproximadamente entre 150 y 300 € o más)
    - Cómo llegar:** Elija una empresa cerca de su alojamiento y reserve su recorrido en barco privado con antelación. La mayoría de los tours salen de muelles en ciudades como Sirmione, Desenzano del Garda o Riva del Garda.

Imagínese embarcándose en un recorrido en barco privado, siendo el suave chapoteo de las olas contra el casco el único sonido que rompe el tranquilo aire de la mañana. Con el sol proyectando un cálido resplandor sobre el agua cristalina y las majestuosas montañas que se elevan, este es el escenario perfecto para el romance. Mientras su capitán privado navega por la pintoresca costa, señale calas escondidas, pueblos pintorescos y monumentos históricos a su ser querido.

Muchas empresas ofrecen la opción de organizar con antelación un almuerzo tipo picnic, completo con especialidades locales y una botella de prosecco frío. Imagínense disfrutando de una deliciosa comida en la cubierta abierta, acompañados por el suave ritmo de las olas y cautivados por el impresionante paisaje. Esta experiencia personalizada creará un recuerdo duradero y creará el ambiente para una escapada verdaderamente romántica.

Tarde:

Actividad: Explore la encantadora ciudad de Bardolino y pruebe los vinos locales (paseo con encanto y deliciosa indulgencia)

- Ubicación: Bardolino, Italia

- Indicaciones: Desde su punto de partida, tome un ferry o un autobús hasta Bardolino (los horarios de los ferrys y las rutas de los autobuses se pueden encontrar en línea).

Imagínense desembarcando en la encantadora ciudad de Bardolino, un destino pintoresco conocido por su hermoso puerto, su centro histórico y sus reconocidos vinos. Pasee de la mano por las estrechas calles adoquinadas, adornadas con flores vibrantes y repletas de tiendas locales. Abrace el ambiente mediterráneo relajado y sumérjase en el encanto romántico de la ciudad.

Una visita a Bardolino no estaría completa sin disfrutar de una experiencia de cata de vinos. Muchas bodegas locales ofrecen recorridos y catas que le permitirán explorar el famoso vino Bardolino DOC de la región. Imagínese acurrucados en una acogedora bodega, probando diferentes variedades y aprendiendo sobre el proceso de elaboración del vino. Elija una botella para compartir mientras continúa su exploración romántica o para disfrutarla en su balcón privado más tarde esa noche.

Noche:

Actividad: Cena en un restaurante junto al lago con música en vivo (ambiente sereno y entretenimiento romántico)

- Opciones: En las ciudades que bordean el lago de Garda hay numerosos restaurantes con mesas al aire libre y música en vivo. Busque opciones con anticipación o solicite recomendaciones al conserje de su hotel.

Imagínense culminando su primer día con una cena romántica en un restaurante junto al lago. Elija un lugar con una encantadora terraza al aire libre con vista al agua, donde podrá disfrutar de impresionantes vistas bajo un cielo iluminado por las estrellas. Muchos restaurantes ofrecen música en vivo, añadiendo un toque de elegancia y creando una atmósfera verdaderamente encantadora.

Mientras saborea la deliciosa cocina italiana y bebe vino local, el suave sonido de la música creará el ambiente para una conversación romántica. Compartan historias, recuerden juntos sus recuerdos favoritos y hagan planes para sus futuras aventuras. Este ambiente íntimo le permitirá reconectarse y crear recuerdos duraderos del tiempo que pasó alrededor del lago de Garda.

Día 2: Un día de mimos y relajación: reconectarse a través del bienestar

Mañana:

Actividad: Masaje para parejas en un spa con vistas impresionantes (experiencia indulgente y rejuvenecimiento)**

- Ubicación: muchos hoteles ofrecen instalaciones de spa con opciones de masajes para parejas. Alternativamente, hay numerosos spas independientes disponibles alrededor del lago. (https://www.tripadvisor.com/Attractions-g1850051-Activities-c40-t127-Lake_Garda.html)
- Coste: Varía según el spa y la duración del masaje (aproximadamente 100€-200€+)
- Instrucciones: Reserve la cita de masaje de su pareja con anticipación, especialmente durante la temporada alta.

Imagínese comenzar su segundo día con una lujosa experiencia de spa diseñada para dos. Disfrute de un masaje en pareja, permitiéndoles relajarse y eliminar el estrés. Imagínese en una tranquila sala de tratamiento con música relajante, aceites esenciales aromáticos llenando el aire y terapeutas expertos haciendo su magia, aliviando cualquier tensión y dejándolo sintiéndose rejuvenecido y listo para reconectarse. Cuando finalice el masaje, tómate un tiempo para relajarte en la zona de relajación del spa, bebiendo té de hierbas y disfrutando del ambiente tranquilo. Esta experiencia compartida les permitirá centrarse el uno en el otro, fomentando una sensación de intimidad y bienestar.

Tarde:

Actividad: Caminata guiada privada a una cascada aislada con almuerzo tipo picnic (aventura y tranquilidad)

- Ubicación: Numerosas empresas ofrecen excursiones guiadas privadas por el lago de Garda, incluidas opciones con destinos a cascadas.
- Costo: Varía dependiendo de la compañía, la duración y la inclusión del picnic (aproximadamente 150 €-250 €+)
- Instrucciones: elija una empresa acreditada que ofrezca caminatas guiadas privadas y reserve su experiencia con anticipación. La mayoría de los recorridos comienzan en senderos designados cerca de las ciudades que bordean el lago.

Imagínense embarcándose en una caminata privada diseñada para dos personas, dirigida por un guía experto. Aventúrese fuera de los caminos trillados y explore senderos escondidos, rodeados de exuberante vegetación y paisajes montañosos impresionantes. Mientras navegan juntos por el terreno, de la mano, compartan historias y disfruten del aire fresco y del ejercicio vigorizante.

Tu guía te llevará a una cascada aislada, una joya escondida en medio de las montañas. Imagínese el agua en cascada creando un espectáculo fascinante, el sonido del agua corriendo llenando el aire. Este entorno tranquilo será su refugio privado para un romántico almuerzo tipo picnic organizado previamente con su guía. Extienda una manta sobre una roca suave con vista a la cascada, saboree deliciosas delicias locales y deléitese con la belleza de la naturaleza que lo rodea.

Noche:

Actividad: Clase de cocina para dos seguida de una cena a la luz de las velas (experiencia interactiva y banquete romántico)

- Ubicación: Muchas escuelas de cocina y restaurantes ofrecen clases de cocina para parejas alrededor del lago de Garda.
- Costo: Varía según la clase y los ingredientes (aproximadamente 100 €-200 €+)
- Instrucciones: reserve la clase de cocina de su pareja con anticipación, ya que tienden a llenarse rápidamente.

Imagínense liberando a los chefs que llevan dentro y aprendiendo los secretos de la cocina italiana durante una clase de cocina privada para dos. Bajo la guía de un instructor experto, trabajarán juntos para preparar una comida deliciosa, aprenderán nuevas técnicas y crearán una experiencia memorable.

Imagínese riéndose mientras pica verduras, revuelve salsas y crea una obra maestra culinaria uno al lado del otro. El instructor lo guiará en cada paso, garantizando el éxito y un resultado delicioso. Una vez que haya completado su creación culinaria, retírese a un rincón privado del restaurante, decorado con velas parpadeantes para crear un ambiente íntimo.

Saboree los frutos de su trabajo y la comida tendrá un sabor aún más especial a medida que la prepararon juntos. Esta experiencia única e interactiva generará conversación, encenderá un espíritu lúdico y creará un recuerdo duradero de su escapada romántica.

Día 3: Una despedida llena de recuerdos

Mañana:

Actividad: Explore la encantadora ciudad de Sirmione con su Castillo Scaligero (joyas históricas y encanto pintoresco)

- Ubicación: Sirmione, Italia
- Indicaciones: Desde su punto de partida, tome un ferry o un autobús hasta Sirmione (los horarios de los ferrys y las rutas de los autobuses se pueden encontrar en línea).

- Costo: Entrada al Castillo Scaligero (aproximadamente 6 €-8 €)

Imagínese retrocediendo en el tiempo mientras explora la encantadora ciudad de Sirmione, una península que se adentra en el lago de Garda. Pasee de la mano por las calles estrechas bordeadas de casas coloridas y rebosantes de flores vibrantes. Contemple el pintoresco puerto lleno de barcos que se balancean y sumérjase en el encanto histórico de la ciudad.

Una visita a Sirmione no estaría completa sin explorar el imponente Castillo Scaligero, una fortaleza del siglo XIV que vigila la ciudad. Imagínense caminando por las murallas del castillo, maravillándose con las impresionantes vistas del lago y las montañas circundantes. Conozca la fascinante historia del castillo y tómese un momento para capturar fotografías panorámicas para atesorarlas como recuerdo de su aventura romántica.

Tarde:

Actividad: Relajarse en la playa y disfrutar de un helado final (Lakefront Bliss & Sweet Indulgence)

- Ubicación: Alrededor del lago de Garda hay numerosas playas que satisfacen diferentes preferencias. Elija una playa cerca de su alojamiento o solicite recomendaciones al conserje de su hotel.

Imagínense pasando una tarde tranquila tomando el cálido sol italiano en una hermosa playa junto al lago. Siente la suave arena bajo tus pies, escucha el suave batir de las olas y abraza la tranquilidad del momento.

Imagínese compartiendo un helado refrescante, una delicia italiana por excelencia, mientras recuerda los momentos más destacados de su escapada romántica. Saborea el sabor de los deliciosos sabores y deja que la dulzura perdure mientras contemplas las impresionantes vistas finales del lago de Garda.

Mientras el sol comienza a descender, proyectando un cálido resplandor sobre el lago, considere alquilar un par de tumbonas para una última dosis de relajación. Imagínese acurrucados uno al lado del otro, compartiendo un refrigerio ligero y una botella de prosecco frío. Observe cómo los veleros se deslizan con gracia sobre el agua, sus coloridas velas reflejan los vibrantes tonos del atardecer. Este momento de paz será el cierre perfecto para tu aventura romántica, dejándote con una sensación de satisfacción y un corazón lleno de recuerdos preciados.

Noche:

Actividad: Cena de despedida en un restaurante en la azotea con vistas panorámicas (delicias culinarias y gran final)

- Ubicación: En ciudades como Riva del Garda, Bardolino y Desenzano del Garda se pueden encontrar numerosos restaurantes en azoteas con impresionantes vistas. Busque opciones con anticipación o solicite recomendaciones al conserje de su hotel.

Imagínense culminando su escapada inolvidable con una cena romántica final en un restaurante en la azotea con vistas panorámicas del lago de Garda. Mientras los últimos rayos del sol pintan el cielo con colores vibrantes, saboree una deliciosa comida que incorpora ingredientes locales frescos.

Imagínese brindando por su amor y los recuerdos que han creado juntos. Las impresionantes vistas servirán como telón de fondo impresionante para su última noche, dejándole una impresión duradera de la belleza y el romance del Lago de Garda. Al partir al día siguiente, llevarán un pedazo de este encantador lugar en sus corazones, atesorando para siempre la experiencia mágica que compartieron juntos.

Explorando los pueblos a orillas del lago

El lago de Garda, con sus encantadores pueblos ubicados a lo largo de su pintoresca costa, ofrece una cautivadora combinación de historia, cultura y belleza escénica. Imagínese embarcarse en una aventura de 3 días, saltando de ciudad en ciudad, explorando sus joyas ocultas y sumergiéndose en el estilo de vida local. Este itinerario promete impresionantes paseos en barco, refrescantes baños en aguas cristalinas y una muestra del encanto único de la región.

Día 1: Revelando las gemas del sur: un día de historia, belleza y relajación

Mañana:

Actividad: Explora la histórica ciudad de Sirmione con un paseo en barco

- Ubicación: Sirmione, Italia

- Indicaciones: Desde su punto de partida, tome un ferry o un autobús hasta Sirmione (los horarios de los ferrys y las rutas de los autobuses se pueden encontrar en línea).

- Coste: Billete de ferry (5-10 € aproximadamente) + Paseo en barco (varía según compañía y duración, 20-40 € aproximadamente)

Imagínese llegar a Sirmione, una cautivadora ciudad peninsular llena de historia y rebosante de encanto romántico. Comience el día disfrutando de un recorrido panorámico en barco que circunnavega la península. Imagínate deslizándote por las aguas cristalinas, maravillándote con el imponente Castillo Scaligero encaramado a la orilla del agua y la encantadora Grotte di Catullo, las ruinas de una villa romana. Escuche al guía experto narrar la fascinante historia de la ciudad y señalar calas escondidas y monumentos históricos.

Mientras el barco recorre la península, capture fotografías impresionantes de la pintoresca costa de la ciudad. Esta perspectiva única le permitirá apreciar la belleza de Sirmione en su totalidad y crear recuerdos duraderos de su aventura.

Tarde:

Actividad: Explora la Gruta de Catullo

- Dirección: Piazzale Catullo, 1, 25019 Sirmione BS, Italia

- Coste: Precio de entrada (8€-10€)
- Indicaciones: Después de su recorrido en barco, desembarque cerca de Grotte di Catullo y camine una corta distancia hasta la entrada.

Imagínese retrocediendo en el tiempo mientras explora las cautivadoras ruinas de Grotte di Catullo, la villa romana más grande jamás descubierta en el norte de Italia. Pasee por el extenso sitio arqueológico e imagine la grandeza de esta antigua villa situada en un acantilado con vistas al lago.

Imagínese paseando por los restos de habitaciones, patios y baños termales, todos adornados con impresionantes vistas del paisaje circundante. Mientras explora, intente imaginar el lujoso estilo de vida que disfrutaba la nobleza romana que alguna vez residió aquí. La Grotte di Catullo ofrece una visión de la rica historia de la región y brinda una oportunidad perfecta para apreciar las maravillas arquitectónicas del pasado.

Actividad: Relajarse en la playa de Spiaggia Jamaica y un refrescante baño en el lago

- Ubicación: Jamaica Beach, Sirmione, Italia
- Indicaciones: Después de explorar Grotte di Catullo, camine una distancia corta (aproximadamente 10 minutos) para llegar a Spiaggia Jamaica Beach.

Imagínese encontrando un lugar en la suave arena de Spiaggia Jamaica Beach, una popular playa ubicada directamente debajo de Grotte di Catullo. Siente el cálido sol italiano en tu piel mientras disfrutas del ambiente tranquilo. Imagínese sumergiendo los dedos de los pies en las aguas cristalinas del lago de Garda, la manera perfecta de refrescarse después de un día de exploración.

Nade en el agua refrescante y permita que las suaves olas eliminen el estrés. Relájese en la playa, escuche los relajantes sonidos del lago y sumérjase en el impresionante paisaje. Esta tarde de relajación te hará sentir rejuvenecido y listo para continuar tu aventura.

Noche:

Actividad: Cena con música en vivo y vistas al lago en Sirmione (ambiente romántico y delicias culinarias)

- Opciones: En Sirmione se pueden encontrar numerosos restaurantes con mesas al aire libre y música en vivo. Busque opciones con anticipación o solicite recomendaciones al conserje de su hotel.

Imagínese culminando su primer día con una cena romántica en un encantador restaurante junto al lago en Sirmione. Elija un lugar con una terraza con vista al agua, donde podrá disfrutar de impresionantes vistas y un ambiente encantador. Muchos restaurantes ofrecen música en vivo, añadiendo un toque de elegancia y creando una atmósfera verdaderamente encantadora.

Mientras saborea la deliciosa cocina italiana y bebe vino local, el suave sonido de la música creará el ambiente para una conversación romántica. Comparta historias sobre los descubrimientos de su día, recuerde los sitios históricos que exploró y planifique sus aventuras para el día siguiente. Esta noche de relax y romance será el final perfecto para

Día 2: Revelando las gemas orientales: un día de aventura, cultura y delicias locales

Mañana:

Actividad: Alquiler de bicicletas eléctricas y paseo panorámico junto al lago hasta Bardolino (exploración sin esfuerzo y vistas impresionantes)

- Ubicación: En las ciudades que bordean el lago de Garda hay numerosas tiendas de alquiler de bicicletas.

- Costo: Alquiler de bicicletas eléctricas (25 €-40 € por día)

- Indicaciones: Elija una tienda de alquiler de bicicletas cerca de su alojamiento y elija su fiel corcel para el día. La mayoría de las tiendas ofrecen bicicletas eléctricas, lo que le permite afrontar pendientes suaves con facilidad y concentrarse en disfrutar del paisaje. Dirígete hacia el este por el carril bici bien señalizado que sigue la costa.

Imagínese comenzando el día con una aventura estimulante y pintoresca. Alquile una bicicleta eléctrica, una opción perfecta para explorar la orilla oriental del lago de Garda a un ritmo pausado. Imagínese deslizándose por el carril bici designado, el suave sol de la mañana calentando su piel y la fresca brisa del lago acariciando su rostro. Mientras pedaleas, maravíllate ante las majestuosas montañas que se elevan desde la orilla del agua y los encantadores pueblos que salpican la costa.

Tómate tu tiempo y pasea por viñedos, olivares y pueblos pintorescos. Deténgase para darse un refrescante baño en una cala apartada o tome un capuchino en una cafetería junto al lago con vista. Este paseo panorámico le permitirá apreciar la belleza de la región desde una perspectiva única y le brindará una dosis saludable de ejercicio para comenzar el día.

Tarde:

Actividad: Explore la encantadora ciudad de Bardolino con una cata de vinos (encanto histórico y delicias locales)

- Ubicación: Bardolino, Italia
- Indicaciones: Al llegar a Bardolino, estacione su bicicleta eléctrica en una estación designada y explore la ciudad a pie.

Imagínese llegar a la pintoresca ciudad de Bardolino, famosa por su centro histórico, su ambiente vibrante y su mundialmente famoso vino Bardolino DOC. Pasee por las estrechas calles adoquinadas adornadas con fachadas coloridas y repletas de tiendas locales. Sumérjase en el animado ambiente de la ciudad y sumérjase en su rica historia, evidente en las encantadoras plazas y joyas arquitectónicas.

Ninguna visita a Bardolino estaría completa sin disfrutar de una experiencia de cata de vinos. Numerosas bodegas locales ofrecen recorridos y catas que le permitirán aprender sobre el proceso de elaboración del vino y probar el famoso vino Bardolino DOC de la región. Imagínese acurrucados en una acogedora bodega, rodeados de barriles y botellas, mientras un guía experto explica las diferentes variedades y sus características únicas.

Agite, huela y beba a sorbos una selección de vinos, saboreando los sabores y aprendiendo a apreciar los matices sutiles. Elija una botella o dos para llevarse como recuerdo o para disfrutar en el balcón de su hotel más tarde esa noche.

Actividad: Haga un viaje en barco a la Isla del Garda

- Ubicación: Los recorridos en barco a Isola del Garda salen de varias ciudades de la costa este, incluido Bardolino. (https://www.tripadvisor.co.uk/AttractionProductReview-g659317-d17813950-Water_taxi_to_Sirmione_Torri_Garda_Bardolino-Torri_del_Benaco_Province_of_Verona_V.html)

- Coste: Billete de paseo en barco (20-30€ aproximadamente) + Entrada a la isla (opcional, 6-8€)

- Indicaciones:** Elija una empresa que ofrezca recorridos en barco a Isola del Garda y compre sus boletos con anticipación, especialmente durante la temporada alta. La mayoría de los tours salen de muelles en ciudades como Bardolino, Garda o Torri del Benaco.

Imagínense embarcándose en un corto viaje en barco a Isola del Garda, una isla privada rodeada de misterio e intriga. Mientras el barco se desliza por las aguas cristalinas, disfrute de las impresionantes vistas del paisaje circundante y de la imponente villa medieval que domina la isla. A tu llegada, tendrás la opción de desembarcar y explorar la isla a tu propio ritmo.

Pasee por los cuidados jardines, maravíllese con la belleza arquitectónica de la villa (recorridos disponibles con una tarifa adicional) y sumérjase en la tranquilidad de este paraíso apartado. Cuenta la leyenda que la isla sirvió como retiro privado para Benito Mussolini durante la Segunda Guerra Mundial, lo que aumentó su mística y encanto histórico. Esta excursión única le permitirá vislumbrar un mundo diferente y le ofrecerá la oportunidad de explorar una joya escondida del lago de Garda.

Noche:

Actividad: Cena tradicional italiana en una trattoria con música en vivo

- Ubicación: En las ciudades que bordean el lago de Garda se pueden encontrar numerosas trattorias con música en vivo. Busque opciones con anticipación o solicite recomendaciones al conserje de su hotel.

Imagínense sumergiéndose en la cultura local cenando en una trattoria italiana tradicional en Bardolino. Imagínese entrando en un espacio cálido y acogedor, adornado con una decoración rústica y lleno de conversaciones. Elija una mesa en el patio al aire libre, donde podrá disfrutar del suave aire del atardecer y del animado ambiente de la ciudad.

Muchas trattorias ofrecen música en vivo, por lo general con músicos locales que tocan canciones folclóricas tradicionales italianas o los favoritos italianos contemporáneos. Mientras saborea deliciosas especialidades regionales, desde platos de mariscos frescos hasta abundantes creaciones de pasta, la música llenará el aire y creará el ambiente para una velada memorable.

Interactúe con el amable personal, practique su italiano (¡incluso unas pocas frases básicas son de gran ayuda!) y sumérjase en la auténtica experiencia gastronómica italiana. Esta noche de delicias culinarias e inmersión cultural lo hará sentir feliz, satisfecho y con un aprecio más profundo por las vibrantes tradiciones de la región.

Día 3: Adiós al lago - Un día de relajación, compras y sabores locales

Mañana:

Actividad: Explora los animados mercados de Limone sul Garda

- Ubicación: Limone sul Garda, Italia

- Indicaciones: Desde su punto de partida, tome un ferry o un autobús hasta Limone sul Garda (los horarios de los ferrys y las rutas de los autobuses se pueden encontrar en línea).

Imagínese aventurándose en la encantadora ciudad de Limone sul Garda, famosa por sus limoneros en terrazas que caen en cascada por las laderas. Comience su última mañana sumergiéndose en la vibrante atmósfera del mercado semanal de la ciudad. Imagínense paseando por puestos repletos de productos locales frescos, desde frutas y verduras de temporada hasta embutidos y quesos artesanales.

Los colores vibrantes y los aromas tentadores despertarán tus sentidos mientras descubres productos locales únicos y tesoros culinarios escondidos. Pruebe deliciosas especialidades regionales, como jugo de limón recién exprimido o aceite de oliva producido en plantaciones cercanas. Interactúe con vendedores amigables, practique sus habilidades de negociación (¡una experiencia cultural divertida!) y encuentre el recuerdo perfecto para recordar su viaje.

Tarde:

Actividad: Relajarse en la playa Spiaggia dei Limoni y un último baño en el lago

- Ubicación: Playa Spiaggia dei Limoni, Limone sul Garda, Italia
- Indicaciones: Después de explorar el mercado, camine una distancia corta (aproximadamente 10 minutos) para llegar a la playa Spiaggia dei Limoni.

Imagínense encontrando un lugar en la suave arena de la playa Spiaggia dei Limoni, una playa popular conocida por sus impresionantes vistas y su proximidad al centro de la ciudad. Siente el cálido sol italiano en tu piel mientras disfrutas del ambiente tranquilo por última vez. Imagínese dándose un último chapuzón en las aguas cristalinas del lago de Garda, una forma refrescante de finalizar su aventura.

Relájese en la playa, escuche los relajantes sonidos de las olas rompiendo contra la orilla y saboree las impresionantes vistas del paisaje circundante. Esta tarde de relajación le permitirá reflexionar sobre los recuerdos que ha creado y apreciar el tiempo que pasó explorando la belleza del lago de Garda.

Actividad: Compras de artesanías y recuerdos locales en Limone sul Garda

- Ubicación: Limone sul Garda, Italia

Imagínense paseando por las encantadoras tiendas que bordean las estrechas calles de Limone sul Garda. Imagínese descubriendo un tesoro escondido de artesanías, souvenirs y recuerdos únicos de fabricación local. Desde cerámicas pintadas a mano y delicados encajes hasta aceite de oliva de producción local y botellas de Limoncello (un delicioso licor de limón), encontrará el recuerdo perfecto para recordar su viaje.

Apoye a los artesanos locales comprando piezas únicas y llévese a casa un pedazo del encanto del lago de Garda. Interactúe con los dueños de tiendas, aprenda sobre las artesanías tradicionales y encuentre los regalos perfectos para sus seres queridos en casa. Esta última jornada de compras le permitirá llevarse una parte de la cultura y el patrimonio de la región como un preciado recordatorio de su escapada romántica.

Noche:

Actividad: Cena de despedida con impresionantes vistas del atardecer sobre el lago

- Ubicación:** En las ciudades que bordean el lago de Garda se pueden encontrar numerosos restaurantes con terrazas en la azotea o vistas al lago. Busque opciones con anticipación o solicite recomendaciones al conserje de su hotel.

Imagínense culminando su inolvidable aventura con una romántica cena de despedida en un restaurante con impresionantes vistas del atardecer sobre el lago de Garda. Imagínese disfrutando de una deliciosa comida final en una terraza en la azotea o en un patio junto al lago, mientras el cielo explota con colores vibrantes.

Saboree el momento, recuerde los aspectos más destacados de su viaje y comparta sus esperanzas para futuras aventuras juntos.

Mientras el sol se oculta tras el horizonte, proyectando un cálido resplandor sobre el lago, brinde por los recuerdos que ha creado y la magia del lago de Garda. Esta última noche de romance y belleza impresionante dejará una impresión duradera y garantizará que usted se vaya con el corazón lleno de recuerdos felices.

Revelando las joyas históricas

El lago de Garda, ubicado en medio de las estribaciones de los Alpes italianos, cuenta no sólo con un paisaje impresionante sino también con una historia rica y cautivadora. Viaje en el tiempo mientras exploramos las joyas históricas de la región, desde antiguas ruinas romanas hasta castillos medievales y pueblos encantadores que susurran historias del pasado. Este itinerario de 3 días promete una combinación cautivadora de exploración histórica, inmersión cultural y belleza escénica, todo diseñado tanto para amantes de la historia como para viajeros curiosos.

Día 1: Profundizando en el legado romano y el encanto medieval

Mañana:

Actividad: Explora las ruinas de la Grotte di Catullo

- Ubicación: Piazzale Catullo, 1, 25019 Sirmione BS, Italia

- Coste: Precio de entrada (8€-10€)

- Indicaciones: Desde su punto de partida, tome un ferry o un autobús hasta Sirmione (los horarios de los ferrys y las rutas de los autobuses se pueden encontrar en línea). Al llegar, siga las indicaciones hacia Grotte di Catullo, a pocos pasos del centro.

Imagínese transportado a la época romana mientras explora las cautivadoras ruinas de Grotte di Catullo, la villa romana más grande jamás descubierta en el norte de Italia. Imagínense caminando por el extenso sitio arqueológico, imaginando la grandeza de esta antigua villa encaramada en un acantilado con vista al lago.

Pasee por los restos de habitaciones, patios y baños termales, todos adornados con impresionantes vistas del paisaje circundante. Mientras explora, intente imaginar el lujoso estilo de vida que disfrutaba la nobleza romana que alguna vez residió aquí. Conozca la historia de la villa a través de carteles informativos y exhibiciones, e imagine la vida cotidiana de sus habitantes hace más de 2000 años.

Tarde:

Actividad: Descubre el Castillo Scaligero y el Centro Histórico de Sirmione

- Ubicación: Castillo Scaligero, Sirmione, Italia
- Costo: Entrada al Castillo Scaligero (aproximadamente 6 €-8 €)
- Direcciones: El castillo está ubicado en una península que se adentra en el lago, a la que se puede acceder fácilmente a pie desde Grotte di Catullo.

Imagínese entrando en una escena de un cuento de hadas medieval mientras explora el imponente Castillo Scaligero. Esta fortaleza del siglo XIV, que custodia la entrada al centro histórico de Sirmione, ofrece una visión del turbulento pasado de la región. Imagínense caminando por las murallas del castillo, maravillándose ante las majestuosas torres, puentes levadizos y murallas.

Sube al punto más alto del castillo y serás recompensado con impresionantes vistas panorámicas del lago de Garda y el paisaje circundante. Conozca el papel estratégico del castillo en la defensa de la ciudad de los invasores y su fascinante historia. Después de explorar el castillo, pasee por las encantadoras calles del centro histórico de Sirmione.

Admire las coloridas fachadas de las antiguas casas adornadas con rebosantes jardineras. Tropezar con plazas escondidas llenas de cafés y restaurantes, perfectas para detenerse a tomar un refrescante helado. Esté atento a los lugares históricos como las ruinas de las grutas romanas o la Iglesia de Santa María la Mayor, un testimonio del rico patrimonio religioso de la ciudad. Esta tarde promete una combinación cautivadora de exploración histórica y un encantador ambiente italiano.

Noche:

Actividad: Cena y música en vivo en una ostería tradicional (delicias culinarias y ambiente histórico)

- Ubicación: En las ciudades que bordean el lago de Garda se pueden encontrar numerosas osterias con música en vivo. Busque opciones con anticipación o solicite recomendaciones al conserje de su hotel.

Imagínense disfrutando de una deliciosa comida italiana en una osteria tradicional, un restaurante histórico que data de siglos atrás. Imagínense entrando a un espacio cálido y acogedor con paredes de ladrillo visto, techos con vigas bajas y una atmósfera llena de historia. Elija una mesa en el patio al aire libre, donde podrá disfrutar del suave aire nocturno y los animados sonidos de la ciudad.

Muchas osterias ofrecen música en vivo, añadiendo un toque de elegancia y creando una atmósfera verdaderamente encantadora. Saboree los sabores de la cocina regional mientras profundiza en un menú elaborado con ingredientes frescos de temporada. Pruebe especialidades locales como platos de pasta casera, pescado fresco del lago o carnes cocidas a fuego lento. Mientras cena, escuche música tradicional italiana y sumérjase en el ambiente histórico de la osteria. Esta experiencia tentará tus papilas gustativas y te hará sentir como si hubieras retrocedido en el tiempo.

Día 2: Inauguración de fortificaciones y pueblos junto al lago

Mañana:

Actividad: Explora la Rocca di Manerba (colina fortificada con vistas panorámicas)**

- Ubicación: Manerba del Garda, Italia (accesible en coche o autobús)
- Costo: Entrada a Rocca di Manerba (aproximadamente 5 €-7 €) + Coste de transporte (consulte los horarios y precios de los autobuses en línea o tenga en cuenta la gasolina si conduce)
- Direcciones: Desde Sirmione, tomar un autobús hasta Manerba del Garda (consulte horarios y precios en línea). La Rocca di Manerba está situada en una colina que domina la ciudad, a pocos pasos o en taxi desde la parada de autobús.

Imagínense embarcándose en un viaje a la Rocca di Manerba, una finca fortificada en la cima de una colina que ofrece impresionantes vistas panorámicas y un vistazo al pasado defensivo de la región. Imagínese recorriendo un sendero panorámico, rodeado de olivares y viñedos, hasta llegar a la imponente fortaleza. Conozca la historia de Rocca, que se remonta a la Edad del Bronce, y su papel en la protección del territorio de los invasores a lo largo de los siglos.

Explora las diferentes secciones de Rocca, incluido el castillo medieval, las torres de vigilancia y las murallas defensivas. Suba al punto más alto y sea recompensado con impresionantes vistas de 360 grados del lago de Garda, las montañas circundantes y los encantadores pueblos que salpican la costa. Imagínense soldados vigilando desde estas mismas torres, salvaguardando la región de posibles amenazas. Este sitio histórico ofrece una perspectiva fascinante sobre la importancia estratégica del área y su papel en conflictos pasados.

Tarde:

Actividad: Paseo junto al lago e instalaciones de arte público en Gardone Riviera

- Ubicación: Gardone Riviera, Italia (accesible en ferry o autobús)
- Costo: Gratis para explorar la ciudad y ver las instalaciones de arte.
- Direcciones: Desde Manerba del Garda, tomar un ferry o autobús hasta Gardone Riviera (consulte horarios y precios en línea).

Imagínese dando un tranquilo paseo por el pintoresco paseo junto al lago en Gardone Riviera, una encantadora ciudad famosa por su belleza y oferta cultural. Imagínese respirando el aire fresco del lago mientras admira el impresionante paisaje y la vibrante atmósfera. Mientras camina, esté atento a las instalaciones de arte público únicas de la ciudad.

Gardone Riviera ha abrazado el arte contemporáneo, transformando sus calles en un museo al aire libre. Esparcidas por toda la ciudad, encontrarás esculturas, murales e instalaciones de artistas de renombre, que añaden un toque moderno al contexto histórico. Tómate tu tiempo para pasear por las calles, descubrir cada joya artística escondida y apreciar el diálogo creativo entre el arte y la historia.

Noche:

Actividad: Noche de cine bajo las estrellas en el Vittoriale degli Italiani

- Ubicación: Vittoriale degli Italiani, Gardone Riviera, Italia
- Costo: Tarifa de entrada para el Vittoriale degli Italiani (varía según la temporada y las inclusiones, consulte el sitio web para obtener más detalles) + Posible costo adicional por entrada al cine (consulte el sitio web para conocer horarios y precios)
- Indicaciones: El Vittoriale degli Italiani está ubicado en la cima de una colina con vistas a la Riviera Gardone. Siga las indicaciones desde el centro de la ciudad o tome un taxi/servicio de transporte.

Imagínense culminando el día con una experiencia verdaderamente única e inolvidable: una noche de cine al aire libre en el Vittoriale degli Italiani. Esta opulenta finca, construida por el controvertido poeta y dramaturgo Gabriele D'Annunzio, es un museo al aire libre que muestra su vida y obra. Durante los meses de verano, el anfiteatro de la finca se transforma en un mágico cine al aire libre, donde se proyectan películas clásicas y contemporáneas bajo las estrellas.

Imagínese entrando al anfiteatro, rodeado de una arquitectura impresionante y una atmósfera cautivadora. Cuando el sol se esconde en el horizonte, la pantalla se ilumina y te transporta a otro mundo. Disfrute de la película bajo el cielo estrellado, con el telón de fondo del Vittoriale degli Italiani añadiendo un toque de importancia histórica a la experiencia. Esta actividad única es una manera perfecta de combinar tu amor por el cine con una fascinante inmersión histórica.

Día 3: Explorando gemas ocultas y ciudades medievales

Mañana:

Actividad: Caminata a las ruinas del Castello di Arco.

- Ubicación: Arco, Italia (accesible en autobús o en coche)
- Costo: Gratis para caminar hasta las ruinas (se pueden aplicar tarifas de estacionamiento)
- Direcciones: Desde Gardone Riviera, tomar un autobús hasta Arco (consulte horarios y precios en línea). El comienzo del sendero para la caminata al Castello di Arco se encuentra cerca del centro de la ciudad (busque las señales).

Imagínense embarcándose en una vigorizante caminata hasta las ruinas del Castello di Arco, un castillo medieval encaramado en un acantilado rocoso que domina la ciudad. Imagínese recorriendo un sendero panorámico, rodeado de exuberante vegetación y disfrutando de las vistas del lago y las montañas circundantes. A medida que asciendes, aprende sobre la historia del castillo, que se remonta al siglo XII, y su papel en el control del valle estratégico que se encuentra debajo.

Al llegar a las ruinas, explore los restos de torres, murallas y patios, restos de una fortaleza que alguna vez fue poderosa. Imagínese caballeros patrullando las murallas y batallas que se desarrollan dentro de estos mismos muros. Las vistas panorámicas desde la cima son realmente impresionantes y ofrecen una perspectiva aérea de Arco, el lago de Garda y la vasta extensión de la campiña italiana. Esta actividad matutina ofrece una combinación perfecta de exploración histórica, ejercicio físico y paisajes impresionantes.

Tarde:

Actividad: Descubra la joya escondida de Torri del Benaco: el castillo Scaligero y el encantador puerto

- Ubicación: Torri del Benaco, Italia (accesible en ferry o autobús)
- Coste: Entrada al Castillo Scaligero (aproximadamente 4€-6€) + Coste de transporte (consultar horarios y precios del ferry o autobús online)
- Direcciones: Desde Arco, tomar un autobús o ferry hasta Torri del Benaco (consultar horarios y precios online). El Castillo Scaligero está situado frente al puerto, de fácil acceso desde el centro de la ciudad.

Imagínese aventurándose fuera de los caminos trillados y descubriendo la encantadora ciudad de Torri del Benaco, una joya escondida en la orilla oriental del lago de Garda. A su llegada, déjese cautivar por el pintoresco puerto de la ciudad, bordeado de casas coloridas y barcos de pesca tradicionales. Pasee por el paseo marítimo, sumérjase en el ambiente relajado y disfrute del suave chapoteo de las olas contra la orilla.

A continuación, explore el imponente Castillo Scaligero, una fortaleza del siglo XIV que protege la entrada al puerto. Sube a la cima para disfrutar de vistas panorámicas del lago y el paisaje circundante. Conozca el papel del castillo en la defensa de la ciudad de los invasores y su importancia estratégica en la historia de la región. Después de explorar el castillo, pasee por las estrechas calles del casco antiguo, un laberinto de encantadoras callejuelas repletas de tiendas de artesanía y cafés locales. Disfrute de un refrescante helado o una taza de café en una pintoresca plaza, sumergiéndose en el auténtico estilo de vida italiano. Esta tarde promete una combinación cautivadora de exploración histórica, belleza escondida y encanto local.

Noche:

Actividad: Cena de despedida con especialidades locales y música tradicional en Bardolino

- Ubicación: En Bardolino hay numerosos restaurantes que ofrecen especialidades locales y música en vivo. Busque opciones con anticipación o solicite recomendaciones al conserje de su hotel.
- Costo: Costo de la cena y bebidas (varía dependiendo del restaurante)
- Direcciones: Desde Torri del Benaco, tomar un ferry o autobús hasta Bardolino (consultar horarios y precios online).

Imagínense concluyendo su viaje histórico con una cena de despedida en la encantadora ciudad de Bardolino, famosa por su producción de vino y su vibrante atmósfera. Imagínese instalándose en un acogedor restaurante con un ambiente cálido y un servicio amable. Elija entre un menú que muestra las delicias culinarias de la región, que incluye pescado fresco del lago, platos de pasta casera y vinos de producción local, incluido el famoso Bardolino DOC.

Muchos restaurantes en Bardolino ofrecen música en vivo, creando un ambiente animado y festivo. Mientras saborea su última comida italiana, escuche música tradicional y sumérjase en el encanto de la ciudad. Esta encantadora experiencia le permite disfrutar de los sabores locales, experimentar la vibrante cultura y crear recuerdos duraderos de su exploración histórica del lago de Garda.

Consejo adicional: Considere comprar un pase para museos que brinde acceso a múltiples sitios históricos y museos alrededor del lago de Garda. Esta puede ser una forma rentable de explorar el rico patrimonio de la región sin gastar mucho dinero. Busque opciones de pases en línea o pregunte en su alojamiento para obtener más detalles.

Diversión familiar: actividades y atracciones para todas las edades

El lago de Garda, una joya resplandeciente enclavada en medio de las estribaciones de los Alpes italianos, ofrece no sólo un paisaje impresionante y una rica historia, sino también una gran cantidad de actividades y atracciones que garantizan el entretenimiento de familias de todas las edades. Desde emocionantes parques temáticos hasta pueblos encantadores, desde aventuras acuáticas hasta emocionantes actividades al aire libre, este itinerario de 3 días promete experiencias inolvidables que dejarán a todos sonriendo.

Día 1: Emociones y derrames en Gardaland

Mañana:

Actividad: Gardaland Park: un día de montañas rusas y diversión familiar

- Ubicación: Via Riva del Garda, 4, 37014 Castelnuovo del Garda VR, Italia

- Coste: 39 €-69 € dependiendo de la edad y la temporada (consulte el sitio web para conocer los precios más recientes)

- Indicaciones: Desde la mayoría de los lugares alrededor del lago de Garda, se puede acceder fácilmente a Gardaland en automóvil o transporte público. Consulte el sitio web del parque para obtener instrucciones detalladas e información sobre el estacionamiento (se aplican tarifas de estacionamiento limitado en el lugar). Muchos hoteles ofrecen servicios de transporte a Gardaland, así que consulte con su alojamiento.

Imagine la emoción en los rostros de sus hijos al ingresar a Gardaland, el parque temático más popular de Italia, que promete un día lleno de emociones, derrames y risas. Este extenso parque atiende a todas las edades, con emocionantes montañas rusas, emocionantes atracciones acuáticas y espectáculos cautivadores.

Imagínese conquistando sus miedos en Oblivion, la primera montaña rusa de buceo de Europa, cayendo en picado 180 pies a una velocidad impresionante. Experimenta los emocionantes giros y vueltas de Raptor, una montaña rusa invertida de alta velocidad que te dejará sin aliento. Para los niños más pequeños, las encantadoras atracciones con temática de cuentos de hadas, un carrusel y una mágica área de juegos acuáticos brindan entretenimiento sin fin.

Tarde:

Actividad: Relajación y almuerzo junto al lago en el hotel Gardaland

- Ubicación: Gardaland Hotel está ubicado junto al parque temático (Via Riva del Garda, 4, 37014 Castelnuovo del Garda VR, Italia)

- Costo: Los precios del almuerzo varían según el restaurante elegido (consulte el sitio web del hotel para conocer las opciones)

- Direcciones: Después de una mañana emocionante en Gardaland Park, una tarde relajante junto al lago es la manera perfecta de relajarse. Si no has reservado tu estancia en el Hotel Gardaland, sigue siendo una gran opción para disfrutar de un delicioso almuerzo con unas vistas impresionantes.

Gardaland Hotel cuenta con una ubicación privilegiada justo al lado del parque temático, ofreciendo un oasis conveniente para familias. Imagínese tomando un refrescante chapuzón en la piscina del hotel, rodeado de exuberante vegetación y con vista al resplandeciente lago. Para disfrutar de un delicioso almuerzo a la hora del almuerzo, elija entre una variedad de restaurantes dentro del hotel, que ofrecen de todo, desde parrilladas informales junto a la piscina hasta elegantes opciones gastronómicas. Deléitese con la cocina italiana fresca, pizzas, pastas y helados refrescantes, todo mientras disfruta del pintoresco entorno junto al lago.

Noche:

Actividad: Acuario Gardaland SEA LIFE: un viaje al mundo submarino

- Ubicación: El acuario Gardaland SEA LIFE está ubicado junto al parque temático (Via Riva del Garda, 4, 37014 Castelnuovo del Garda VR, Italia)
- Coste: 29,50 €-34,50 € dependiendo de la edad y la temporada (entrada combinada con Gardaland Park disponible, consulte el sitio web para más detalles)
- Indicaciones: Convenientemente ubicado junto al Parque Gardaland, se puede acceder fácilmente al Acuario SEA LIFE a pie.

Imagínese embarcándose en una cautivadora aventura submarina en el Acuario Gardaland SEA LIFE. Este acuario interactivo muestra las maravillas de los mares y océanos, con más de 40 tanques repletos de peces de colores, fascinantes criaturas marinas y tiburones impresionantes.

Imagínese caminando por un túnel submarino transparente, rodeado de bancos de peces, elegantes rayas y majestuosos tiburones deslizándose sobre sus cabezas. Las exhibiciones interactivas permiten a los niños aprender sobre la importancia de la conservación de los océanos y los diversos ecosistemas marinos que prosperan bajo las olas. Esta experiencia educativa y entretenida es una manera perfecta de terminar su emocionante día en Gardaland.

Día 2: Aventuras junto al lago y encanto medieval

Mañana:

Actividad: Paseo en barco a Lazise y Sirmione

- Ubicación: los recorridos en barco salen desde varios lugares alrededor del lago de Garda, incluidos Bardolino, Desenzano del Garda y Sirmione (consulte puntos de salida específicos cerca de su ubicación).

- Coste: 15 €-30 € por persona dependiendo de la ruta, duración e inclusiones (consulte con los operadores turísticos para obtener más detalles)

- Indicaciones: La mayoría de los hoteles pueden ayudarlo a organizar un recorrido en barco o puede preguntar directamente en los muelles del puerto.

Imagínese embarcándose en un viaje panorámico en barco por las cristalinas aguas del lago de Garda. Imagínese sintiendo la suave brisa en su rostro mientras admira el impresionante panorama de las montañas circundantes y los encantadores pueblos que salpican la costa. Muchos paseos en barco ofrecen diferentes rutas, permitiéndote elegir la que mejor se adapta a tus intereses. Una opción popular es un viaje que combina visitas a las pintorescas ciudades de Lazise y Sirmione.

Al llegar a Lazise, una encantadora ciudad conocida por su castillo Scaligero y su animado puerto, dé un paseo por las estrechas calles adoquinadas repletas de coloridas tiendas y cafés. Haga una parada para tomar un helado refrescante y sumérjase en el ambiente relajado de la ciudad. Continúe su viaje hacia Sirmione, una joya histórica conocida por su Castillo Scaligero y Grotte di Catullo, la villa romana más grande jamás descubierta en el norte de Italia. Explora el centro histórico de la ciudad, pasea por encantadoras plazas y admira la hermosa arquitectura.

Tarde:

Actividad: Diversión Familiar en Canevaworld Resort - Película, Magia y Aventura

- Ubicación:** Via Fossalta, Castelnuovo del Garda, 37014 VR, Italia (cerca de Gardaland)

- Coste:** 32€-49€ dependiendo de la edad y la temporada (consulte el sitio web para conocer los precios más recientes)

- Indicaciones:** Canevaworld Resort está ubicado a poca distancia de Gardaland y es fácilmente accesible en automóvil o mediante servicio de transporte (consulte con su hotel o el sitio web del resort para obtener más detalles).

Imagínense adentrándose en un mundo de magia cinematográfica y aventuras emocionantes en Canevaworld Resort. Este exclusivo complejo de parques temáticos consta de dos secciones cerradas separadas: Movieland Park y Caneva Aquapark. Movieland Park está dirigido a cinéfilos y buscadores de adrenalina, con emocionantes atracciones temáticas en torno a películas populares de Hollywood como Rambo y Terminator.

Imagínese experimentando caídas trepidantes, persecuciones a alta velocidad y giros emocionantes en montañas rusas inspiradas en películas. Para los niños más pequeños, los espectáculos interactivos, las acrobacias y los recorridos temáticos brindan entretenimiento sin fin. Si está buscando un descanso refrescante, diríjase al Caneva Aquapark, que cuenta con una variedad de toboganes de agua, piscinas y un río lento, perfecto para refrescarse en un caluroso día de verano.

Noche:

Actividad: Clase de preparación de pizza y cena en una trattoria local

- Ubicación: Numerosas trattorias alrededor del lago de Garda ofrecen clases de preparación de pizza. Busque opciones en línea o solicite recomendaciones al conserje de su hotel.
- Coste: 30€-50€ por persona dependiendo de la clase y las comidas incluidas (consulta con los restaurantes para más detalles)
- Direcciones: La mayoría de las trattorias están ubicadas en el centro de las ciudades y son fácilmente accesibles a pie.

Imagínense sumergiéndose en una experiencia verdaderamente única y llena de diversión: una clase de preparación de pizza seguida de una deliciosa cena en una trattoria local. Imagínense aprendiendo los secretos de la preparación tradicional de pizza italiana de la mano de un experto pizzaiolo (chef de pizza). Bajo su guía, amasa la masa, elige tus ingredientes favoritos y crea tu propia obra maestra.

Mientras las pizzas se cuecen en el horno de leña, disfrute del ambiente cálido y acogedor de la trattoria. Finalmente, saboree su creación junto con otras deliciosas especialidades italianas, como platos de pasta, ensaladas frescas y postres caseros. Esta experiencia interactiva y deliciosa es una manera perfecta de aprender sobre la cocina italiana y crear recuerdos familiares duraderos.

Día 3: Explorando la naturaleza y las maravillas medievales

Mañana:

Actividad: Jungle Adventure Park: recorridos en las copas de los árboles y emociones

- Ubicación: Via Rio Vasto 4, 37016 San Zeno di Montagna VR, Italia (cerca de Torbole)

- Coste: 18 €-32 € dependiendo de la edad y la dificultad del curso (consulte el sitio web para conocer los precios más recientes)

- Indicaciones: Jungle Adventure Park está ubicado cerca de Torbole y se puede acceder a él en automóvil o en transporte público (consulte los horarios y rutas de los autobuses en línea).

Imagínense navegando por puentes de cuerda, tirolinas, columpios de Tarzán y diversos obstáculos, mientras disfrutan de impresionantes vistas del lago de Garda y las montañas circundantes. Cada curso está diseñado con diferentes niveles de dificultad, lo que garantiza que todos, desde jóvenes aventureros hasta adultos cautelosos, puedan encontrar un desafío adecuado. El parque también ofrece un recorrido exclusivo para niños con alturas más bajas y obstáculos más fáciles, lo que permite que incluso los miembros más pequeños de la familia se unan a la diversión. Esta emocionante actividad es una manera perfecta de mantenerse activo, abrazar la naturaleza y crear juntos recuerdos inolvidables.

Tarde:

Actividad: Buceo desde acantilados y paseo en barco en Malcesine

- Ubicación: Los recorridos en barco con opciones de buceo en acantilados salen de varios lugares alrededor de Malcesine (consulte con los operadores turísticos los puntos de salida específicos y las inclusiones).

- Costo: 40 €-60 € por persona dependiendo de la duración del tour, los servicios incluidos (aperitivos, bebidas) y las tarifas de buceo en acantilados (consulte con los operadores turísticos para obtener más detalles)

- Indicaciones: La mayoría de los hoteles pueden ayudarlo a organizar un tour de buceo desde acantilados o puede preguntar directamente en los muelles del puerto de Malcesine.

Imagínese embarcándose en una emocionante aventura en barco que combina un crucero panorámico por el lago de Garda con la emocionante experiencia de saltar desde un acantilado. Imagínense zarpando de la encantadora ciudad de Malcesine, admirando el pintoresco puerto y el imponente Castillo Scaligero encaramado en lo alto de un acantilado. Mientras navega por el lago, disfrute de la refrescante brisa y de las impresionantes vistas de las montañas circundantes.

Muchos recorridos en barco ofrecen la oportunidad de detenerse en lugares específicos conocidos por el buceo en acantilados. Con la guía de instructores experimentados, aquellos que buscan una descarga de adrenalina pueden lanzarse desde varias alturas y experimentar la emoción de caer libremente en las aguas cristalinas del lago. Para aquellos que prefieren permanecer a bordo, el recorrido en barco ofrece el punto de vista perfecto para animar a los valientes buceadores y disfrutar del hermoso paisaje. Esta actividad de aventura es una excelente manera de refrescarse en un caluroso día de verano y crear recuerdos inolvidables.

Noche:

Actividad: Observación de estrellas con un astrónomo local

- Ubicación: Varios clubes de astronomía alrededor del lago de Garda organizan eventos públicos de observación de estrellas durante todo el año. Busque opciones en línea o solicite recomendaciones al conserje de su hotel. Los lugares populares incluyen Punta San Vigilio o la Rocca di Manerba.

- Costo: Participar gratis (se pueden agradecer donaciones)

Imagínense culminando su aventura con una velada mágica y romántica bajo las estrellas. Varias ciudades alrededor del lago de Garda organizan eventos públicos de observación de estrellas dirigidos por entusiastas locales de la astronomía. Estos eventos gratuitos brindan una oportunidad fantástica para aprender sobre las constelaciones, los planetas y otras maravillas celestes visibles en el cielo nocturno.

Imagínense encontrando un lugar a la orilla del lago con una manta, rodeados de otros observadores de estrellas. Los astrónomos locales estarán disponibles para señalar constelaciones, compartir datos interesantes sobre el universo y responder sus preguntas. A través de potentes telescopios, es posible vislumbrar galaxias distantes, nebulosas o incluso los anillos de Saturno. Mientras contempla la vasta extensión del cielo nocturno, sienta una sensación de asombro y aprecio por la belleza del universo. Esta actividad gratuita es una forma única y romántica de finalizar su viaje familiar al Lago Garda, dejándole recuerdos duraderos y una nueva apreciación de las maravillas más allá de nuestro planeta.

Parte 6: Profundizando Más adentro: Joyas culturales y aventuras ocultas

Destinos menos conocidos:

El lago de Garda, con sus aguas resplandecientes y sus ciudades de postal, es un destino turístico popular por una razón. Pero más allá de las bulliciosas plazas y los monumentos emblemáticos se encuentra un tesoro escondido de pueblos encantadores esperando ser descubiertos. Abróchese el cinturón, porque nos desviaremos de la ruta turística habitual y nos sumergiremos en el corazón de las joyas ocultas del lago de Garda: estos destinos menos conocidos prometen una muestra del auténtico encanto italiano y una experiencia de viaje única.

Delicias matutinas en Torri del Benaco:

Ubicación: Via Gardesana, 37017 Torri del Benoco VR, Italia

Por qué visitar: Un pueblo fortificado encaramado en un acantilado, que ofrece impresionantes vistas y un rico tapiz histórico.

Imagínese retrocediendo en el tiempo al entrar en el pueblo fortificado de Torri del Benoco. Ubicada sobre un acantilado que domina la orilla oriental del lago, esta encantadora ciudad cuenta con una rica historia que se remonta a la época romana. Mientras paseas por las estrechas calles adoquinadas, imagínate rodeado de imponentes murallas medievales, restos de una época pasada.

Sube a la cima del Castillo Scaligero, la joya de la corona del pueblo, y serás recompensado con impresionantes vistas panorámicas del lago y las montañas circundantes. Imagine la importancia estratégica de este castillo para proteger la región de los invasores. Explore el pequeño y pintoresco puerto, un paraíso para coloridos barcos de pesca, y sumérjase en la atmósfera relajada de este pueblo eterno. Por las mañanas, tome un capuchino recién hecho y un hojaldre de una panadería local y disfrútelos en una plaza soleada, viendo pasar el mundo. Torri del Benaco ofrece un escape tranquilo de las multitudes, permitiéndole conectarse verdaderamente con la historia y el encanto de la región.

Escapada por la tarde a Limone sul Garda:

Ubicación: Via Gardesana, 38015 Limone sul Garda BS, Italia **Por qué visitar:** Una ciudad pintoresca conocida por sus limoneros, su vibrante puerto y sus impresionantes paisajes.

Imagínese paseando por el encantador paseo junto al lago en Limone sul Garda, una ciudad llamada acertadamente "Lemon on Garda" por su abundancia de plantaciones de cítricos. Imagínate rodeado por el embriagador aroma de los limones mientras pasas por casas adosadas adornadas con jardineras desbordantes. El vibrante puerto de Limone es un festín para los sentidos, está repleto de coloridos barcos de pesca y ofrece impresionantes vistas del lago.

Realice un viaje en barco para explorar calas escondidas y playas solitarias, o simplemente relájese en las costas de guijarros y disfrute del cálido sol italiano. Para un toque de aventura, camine por los senderos que serpentean a través de los limoneros, ofreciendo impresionantes vistas panorámicas y un vistazo al patrimonio agrícola de la ciudad. Por la tarde, deléitate con un refrescante helado con limones locales y saborea los sabores únicos de esta encantadora ciudad. Limone sul Garda ofrece una combinación perfecta de belleza natural, encanto histórico y una muestra de la riqueza agrícola de la región.

Encanto nocturno en Tremosine sul Garda:

Ubicación: Via Panorámica 70, 25080 Tremosine sul Garda BS, Italia **Por qué visitar:** Un conjunto de 18 pequeñas aldeas situadas en los acantilados sobre el lago, que ofrecen impresionantes vistas y un ambiente tranquilo.

Imagínese aventurándose fuera de los caminos trillados y descubriendo la magia de Tremosine sul Garda. Este destino único no es un solo pueblo, sino más bien un conjunto de 18 aldeas repartidas entre los acantilados que dominan el lago. Imagínese recorriendo caminos panorámicos, cada giro revelando una nueva e impresionante vista de las brillantes aguas y las majestuosas montañas. Explore las encantadoras plazas, las pintorescas iglesias y los senderos ocultos que conectan estas diversas aldeas.

A medida que cae la noche, imagínese disfrutando de una cena romántica en una trattoria local en una terraza panorámica, con luces parpadeantes reflejándose en el lago. La serenidad de Tremosine contrasta con el ajetreo y el bullicio de las ciudades más grandes. Aquí podrá relajarse de verdad, reconectarse con la naturaleza y experimentar el auténtico encanto de la vida de un pueblo italiano. Ya sea que esté buscando una escapada romántica, un retiro tranquilo o una muestra de la cultura local, Tremosine sul Garda ofrece una escapada inolvidable.

En Serene Escape en Malcesine:

- **Ubicación:** Via Gardesana, 37018 Malcesine VR, Italia

- **Por qué visitar:** Una ciudad pintoresca ubicada bajo imponentes montañas, que ofrece paisajes impresionantes, un puerto encantador y un significado histórico.

Imagínese entrando en una postal al llegar a Malcesine, una ciudad famosa por su impresionante belleza. Imagínese contemplando la imponente silueta del Monte Baldo, una majestuosa cadena montañosa que se eleva dramáticamente detrás de la ciudad. Pasee por el encantador paseo junto al lago, un centro vibrante con animados cafés, coloridas tiendas y artistas callejeros que contribuyen a la animada atmósfera.

Dominando el centro de la ciudad se encuentra el Castillo Scaligero, una fortaleza medieval perfectamente conservada que sirvió como punto defensivo estratégico durante siglos. Sube al punto más alto del castillo y déjate hipnotizar por las vistas panorámicas que abarcan las aguas turquesas del lago, la encantadora ciudad situada debajo y los picos nevados del Monte Baldo. Malcesine ofrece una combinación única de importancia histórica, belleza natural cautivadora y un encanto relajado que lo hará sentir rejuvenecido.

Un tesoro cultural en Bardolino:

- **Ubicación:** Via Verona, 37011 Bardolino VR, Italia
- **Por qué visitar:** Una ciudad famosa por su galardonado vino Bardolino, sus monumentos históricos y su encantador ambiente.

Imagínese deleitándose con una copa del famoso vino Bardolino de la región en una plaza soleada en el corazón de Bardolino. Esta encantadora ciudad, situada en la orilla oriental del lago, cuenta con una rica historia que se remonta a la época romana. Pasee por las estrechas calles adoquinadas bordeadas de casas coloridas y tiendas vibrantes, cada rincón revela una nueva joya escondida.

Visite el fascinante Museo del Vino para conocer las tradiciones vitivinícolas de la región y probar algunas de las variedades locales. Sumérgete en la historia en la Iglesia de San Zeno, una hermosa estructura románica adornada con frescos y esculturas. Por las noches, la ciudad cobra vida con un ambiente vibrante. Disfrute de una deliciosa comida en una trattoria tradicional, seguida de un tranquilo paseo por el paseo iluminado junto al lago, sumergiéndose en la belleza de Bardolino bajo el cielo estrellado.

Un paraíso gastronómico en Sirmione:

- **Ubicación:** Piazzale Catullo, 1, 25019 Sirmione BS, Italia
- **Por qué visitar:** Si bien Sirmione es conocida por sus monumentos históricos, explorar sus encantadoras calles revela un paraíso para los amantes de la comida.

Imagínese embarcarse en una aventura culinaria por las bulliciosas calles de Sirmione. Esta ciudad histórica, famosa por su Castillo Scaligero y Grotte di Catullo, también cuenta con una vibrante escena gastronómica esperando ser explorada. Salga de la ruta turística y descubra trattorias escondidas en pintorescas plazas, donde el aroma del pan recién horneado y las salsas hirviendo llena el aire.

Deléitese con un plato de pescado del lago recién pescado acompañado de una copa de vino local. Pruebe el plato estrella de la región, los "bigoli", una pasta espesa servida con varias salsas. Para los golosos, explore las numerosas heladerías que ofrecen una infinita variedad de sabores, desde los clásicos favoritos hasta especialidades locales únicas. Desde pequeños restaurantes hasta elegantes restaurantes con vistas panorámicas, Sirmione satisface todos los gustos y presupuestos. Así que ven con hambre y prepárate para deleitarte con los tesoros culinarios que esta encantadora ciudad tiene para ofrecerte.

Experiencias únicas: aventuras fuera de lo común

Más allá de la ruta turística muy transitada se encuentra un tesoro de experiencias únicas esperando ser descubiertas. Olvídese de las plazas abarrotadas y las tiendas de souvenirs; Nos sumergimos en el corazón de las joyas escondidas del lago de Garda, donde nos espera la auténtica cultura italiana. Imagínense embarcándose en aventuras fuera de lo común, disfrutando de la deliciosa cocina local, aprendiendo tradiciones ancestrales y creando recuerdos que durarán toda la vida.

Revelando los secretos del vino de Lugana (cata de vinos y recorrido por los viñedos)

Ubicación: Región vinícola de Lugana (varias bodegas para elegir)

Por qué visitar: Sumérgete en el mundo del vino de Lugana, una variedad blanca seca producida en las colinas que rodean el extremo sur del lago de Garda.

Imagínese aventurándose más allá de las ciudades a orillas del lago y adentrándose en el corazón de la región vinícola de Lugana. Imagínense rodeados de colinas cubiertas de exuberantes viñedos y bañadas por el cálido sol italiano. Elija una encantadora bodega familiar, una joya escondida en el campo, y prepárese para embarcarse en un delicioso viaje al mundo del vino de Lugana.

Mientras conoce a los apasionados enólogos, escuche sus historias sobre tradiciones ancestrales y su dedicación a la elaboración de esta variedad única. Explore los viñedos y conozca el meticuloso proceso de cultivo de la uva y los factores que influyen en el carácter del vino. Lo más destacado de la experiencia, por supuesto, es la degustación en sí. Imagínense sentados en una terraza bañada por el sol con vistas a los viñedos, agitando una copa de Lugana limpio y fresco. Saboree los delicados sabores, la sutil mineralidad y el perfecto equilibrio que define a este excepcional vino blanco. Combine su degustación con especialidades regionales como quesos locales, embutidos y pan crujiente, permitiendo que los sabores se complementen perfectamente. Esta masterclass matutina no es sólo una cata de vinos; es una inmersión cultural, una oportunidad de conectarse con la tierra y la gente apasionada que da vida a Lugana.

Revelando los secretos de la elaboración de pasta (clase de cocina y diversión familiar)

Ubicación: Numerosas escuelas de cocina y casas privadas alrededor del lago de Garda ofrecen clases de preparación de pasta. Investigue en línea o solicite recomendaciones al conserje de su hotel.

Por qué visitar: Aprende el arte de elaborar deliciosas pastas caseras desde cero, una habilidad fundamental en la cocina italiana.

Imagínense transformándose de turistas en exploradores culinarios al entrar en una encantadora cocina local, tal vez incluso en una tradicional casa de 'nonna' (abuela) ubicada en un pintoresco pueblo. Imagínense recibidos por la cálida sonrisa de su instructor, un apasionado local que los guiará a través de los secretos de la elaboración de pasta.

Deshazte de las cajas empaquetadas y sumérgete en un mundo de ingredientes frescos de origen local. Aprende a amasar la masa a mano, sintiendo cómo la textura cambia de áspera a suave. Domina el arte de extender las láminas de pasta, utilizando un rodillo tradicional o una máquina moderna. Elija sus formas favoritas (tagliatelle delicados, pappardelle abundantes o raviolis llenos de diversión) y dé rienda suelta a su creatividad.

La alegría de crear algo delicioso juntos hace de esta una actividad familiar perfecta. Imagínese la emoción en las caras de sus hijos mientras aprenden a manipular la masa, dándole forma con orgullo. Mientras la pasta hierve a fuego lento, disfrute de una copa de vino local y de una animada conversación con su instructor, mientras aprende sobre las tradiciones culinarias italianas y las recetas familiares transmitidas de generación en generación. Finalmente, saborea tus creaciones: la pasta casera perfectamente al dente, mezclada con una salsa sencilla pero sabrosa. Esta aventura de la tarde es más que una simple clase de cocina; es un viaje al corazón de la cultura italiana, creando recuerdos que serán apreciados mucho después de regresar a casa.

Una Noche en el Festival del Vino Bardolino (Festival del Vino y Celebración Cultural)

Ubicación: Bardolino, Italia (se celebra anualmente a finales de julio)

Por qué visitar: Sumérgete en un vibrante festival del vino que celebra el famoso vino Bardolino DOC.

Imagínense transportados a un mundo mágico al ingresar a la ciudad de Bardolino durante la Fiesta del Vino anual. Imagínense rodeados por un mar de rostros alegres, música animada que llena el aire y el aroma de la deliciosa comida que sale de los vendedores ambulantes. La ciudad se transforma en una vibrante celebración al aire libre dedicada al famoso vino Bardolino DOC de la región, una variedad tinta ligera y afrutada.

Pasee por las calles festivamente decoradas y deténgase en coloridos puestos que ofrecen degustaciones de Bardolino junto con especialidades locales como carnes a la parrilla, quesos frescos y deliciosos pasteles. La música en vivo llena la plaza, creando una atmósfera contagiosa de alegría y celebración. Sea testigo de bailes folclóricos tradicionales y participe en divertidos juegos y actividades, sumergiéndose en la cultura local.

A medida que cae el crepúsculo, busque un lugar acogedor en la terraza de un restaurante o en una animada plaza y sumérjase en el ambiente festivo. Imagínense bebiendo una copa de Bardolino, mientras el cálido resplandor de las luces de hadas ilumina las caras felices a su alrededor. Participe en conversaciones con lugareños amigables y aprenda sobre sus tradiciones y su pasión por la elaboración del vino.

La Festa del Vino Bardolino es más que una simple fiesta del vino; es una celebración cultural que une a la comunidad. Es una oportunidad de experimentar el corazón y el alma de la región, de ser testigo de la alegría de vivir que tanto aprecian los italianos. A medida que avanza la noche, la música se intensifica y el baile se vuelve más enérgico. Imagínese balanceándose al ritmo, soltándose y abrazando el espíritu del festival. Esta velada inolvidable le dejará con una nueva apreciación de la cultura italiana, una muestra de su amor por la buena comida y el vino, y recuerdos que perdurarán mucho después de que se sirva la última gota.

Día 2: Revelando los secretos del aceite de oliva del lago de Garda

Descubrimiento por la mañana: recorrido por el aceite de oliva y degustación en un Frantoio (molino) local

Ubicación: Numerosos productores de aceite de oliva en los alrededores del lago de Garda ofrecen visitas guiadas y degustaciones. Investigue en línea o solicite recomendaciones al conserje de su hotel.

Por qué visitar: Sumérgete en el mundo del aceite de oliva virgen extra, piedra angular de la cocina mediterránea, y descubre los métodos de producción tradicionales utilizados en el lago de Garda.

Imagínese aventurándose en el corazón de los olivares que tapizan las colinas que rodean el lago de Garda. Imagínense rodeados de olivos centenarios, con sus ramas retorcidas extendiéndose hacia el cálido sol italiano. La aventura de hoy lo lleva a un frantoio (molino de aceite de oliva) local, una operación familiar donde generaciones han perfeccionado el arte de extraer aceite de oliva de la mejor calidad.

Mientras conoce a los apasionados productores, escuche sus historias sobre la importancia del aceite de oliva en su cultura y el meticuloso cuidado que ponen para garantizar la más alta calidad. Explore el olivar y conozca las diferentes variedades de olivo que prosperan en el clima único de la región. Sea testigo del proceso tradicional de prensado de aceitunas, desde la recolección de las aceitunas hasta la extracción del preciado aceite.

Lo más destacado de la experiencia, por supuesto, es la degustación en sí. Imagínense sentados en una sala de degustación rústica, rodeados de las herramientas del oficio. El productor te guiará a través de una exploración sensorial de su aceite de oliva, explicándote los diferentes aromas, sabores y texturas que distinguen a un aceite de oliva virgen extra de alta calidad. Pruebe diferentes variedades, moje pan crujiente y saboree las delicadas notas picantes, los toques frutales y el suave final. Aprenda a combinar el aceite de oliva con platos locales y descubra una nueva dimensión de sabor en su repertorio culinario. Este recorrido de descubrimiento por la mañana es más que una simple degustación; es un viaje al corazón de una tradición local, una oportunidad de apreciar la dedicación y la pasión que se ponen en la producción de este oro líquido.

Kayak en las costas ocultas de la bahía de San Virgilio

Ubicación: Península de San Virgilio, Varios puntos de lanzamiento alrededor de la bahía.

Por qué visitar: Explore las calas solitarias y las grutas escondidas de la Bahía de San Virgilio, un paraíso natural al que solo se puede acceder por agua.

Imagínese embarcándose en una aventura en las aguas cristalinas de la Bahía de San Virgilio. Imagínense remando en un kayak, con el suave ritmo del agua golpeando el casco mientras navegan por las tranquilas aguas. Esta bahía aislada, ubicada en la orilla occidental del lago, ofrece un escape sereno del ajetreo y el bullicio de los puntos turísticos.

Rodeado de exuberante vegetación y espectaculares acantilados, explore calas escondidas y descubra encantadoras ensenadas a las que solo se puede acceder por agua. Imagínese observando peces de colores volando a través de las aguas cristalinas, y tal vez incluso vislumbrando majestuosas aves volando sobre sus cabezas. Reme por grutas escondidas, cuyas profundidades sombrías le atraen con una sensación de misterio.

Deténgase para darse un refrescante baño en una cala apartada; el agua fresca es un bienvenido respiro en un cálido día de verano. Disfrute de un almuerzo tipo picnic en una playa apartada, rodeado de paisajes impresionantes y los suaves sonidos de la naturaleza. Esta aventura por la tarde es una oportunidad para reconectarse con la naturaleza, experimentar la belleza del lago de Garda desde una perspectiva única y crear recuerdos duraderos con sus seres queridos.

Observación de estrellas en la cima del Monte Baldo: una noche bajo la Vía Láctea

Ubicación: Monte Baldo (accesible en teleférico desde Malcesine)

Por qué visitar: Escápese de la contaminación lumínica y sea testigo del impresionante cielo nocturno desde la cima del Monte Baldo, designado Reserva Starlight.

Imagínense embarcándose en una aventura celestial mientras ascienden a la cima del Monte Baldo, una majestuosa montaña que se eleva sobre la orilla oriental del lago de Garda. Esta Reserva Starlight designada por la UNESCO cuenta con una contaminación lumínica mínima, lo que la convierte en un paraíso para los entusiastas de la observación de estrellas. Imagínense subiendo el teleférico por la ladera de la montaña, presenciando el impresionante panorama del lago y los valles circundantes que se desarrollan debajo de ustedes.

Mientras el crepúsculo pinta el cielo con tonos vibrantes, busque un lugar cómodo en la cima de la montaña, lejos de cualquier luz artificial. Imagínese mirando hacia arriba, abrumado por la gran cantidad de estrellas que cubren el lienzo negro como la tinta. A simple vista podrás divisar constelaciones como la Osa Mayor (la Osa Mayor) y Orión, mientras que la Vía Láctea se extenderá por el cielo como un río luminoso.

Para una experiencia aún más mágica, únase a una visita guiada de observación de estrellas dirigida por un astrónomo apasionado. A través de potentes telescopios, sea testigo de galaxias, nebulosas y cúmulos de estrellas distantes, cada objeto celeste es un testimonio de la inmensidad del universo. El astrónomo compartirá sus conocimientos, explicará los fenómenos cósmicos y despertará su curiosidad sobre las maravillas más allá de nuestro planeta.

A medida que avanza la noche, el silencio sólo se rompe con el chirrido ocasional de una criatura nocturna y el centelleo distante de un avión que pasa. Imagínense sintiendo una sensación de asombro y asombro, humillados por la inmensidad del universo y la belleza del cielo nocturno. Esta velada inolvidable para escapar del ajetreo y el bullicio de la vida cotidiana ofrece la oportunidad de reconectarse con la naturaleza, apreciar el delicado equilibrio de nuestro planeta y crear recuerdos que permanecerán con usted para siempre.

Parte 7: Información esencial para un viaje tranquilo

Seguridad Seguridad:

El lago de Garda promete unas vacaciones inolvidables. Sin embargo, un poco de preparación ayuda mucho a garantizar una experiencia agradable y sin estrés. Aquí tienes una guía para mantenerte seguro durante tu viaje al lago de Garda, permitiéndote relajarte por completo y sumergirte en el encanto italiano.

Consejos generales de seguridad:

- **Sea inteligente con el sol:** El sol italiano puede ser intenso, especialmente durante los meses de verano. Lleve mucho protector solar con un SPF alto, un sombrero y gafas de sol. Aplique protector solar generosa y regularmente, especialmente después de nadar o sudar. Busque sombra durante la parte más calurosa del día (normalmente entre las 12 p. m. y las 4 p. m.).

Imagínese explorando las bulliciosas calles de una ciudad junto al lago, mientras el sol calienta su piel. Si bien tomar el sol es parte de la experiencia italiana, recuerde ser inteligente con el sol. Aplícate protector solar antes de salir, vuelve a aplicarlo a lo largo del día y no olvides proteger tu cabeza y ojos con sombrero y gafas de sol. Recuerde, un bronceado saludable es un recuerdo que desea llevarse de vuelta, no una quemadura solar que arruinará sus vacaciones.

- **Mantente hidratado:** Especialmente durante el clima cálido, mantenerse hidratado es fundamental. Lleve consigo una botella de agua reutilizable y rellénela periódicamente. Opte por agua o bebidas bajas en azúcar en lugar de refrescos azucarados o un consumo excesivo de alcohol, que pueden deshidratarlo aún más.

Imagínense paseando por el pintoresco paseo junto al lago, disfrutando de las impresionantes vistas. Mientras te sumerges en la belleza, recuerda mantenerte hidratado. Empaca una botella de agua reutilizable y rellénala con frecuencia, especialmente si planeas pasar tiempo al aire libre. Beber mucha agua te mantendrá con energía y evitará el agotamiento por calor.

- **Sea consciente de sus pertenencias:** Como ocurre con cualquier destino turístico, pueden ocurrir pequeños robos. Mantenga sus objetos de valor cerca de su cuerpo, preferiblemente en un cinturón para dinero o en un bolso cruzado seguro. Evite llevar grandes sumas de efectivo y considere usar una tarjeta de débito o crédito para la mayoría de las transacciones. Cuando coma al aire libre, mantenga sus pertenencias a la vista o pida a alguien que vigile sus maletas si necesita levantarse.

Imagínense disfrutando de una deliciosa pizza en una encantadora plaza. Si bien el ambiente es acogedor, tenga cuidado con sus pertenencias. Mantenga su cartera o bolso cerca de usted, preferiblemente en su regazo o asegurado a la pata de una silla. Evite dejar objetos de valor desatendidos y, si necesita alejarse por un momento, pídale a un amigo o familiar que vigile sus cosas. Un poco de precaución contribuye en gran medida a garantizar una experiencia sin preocupaciones.

Seguridad en el agua:

- **Elija excursiones en barco de buena reputación:** Si planea realizar un recorrido en barco, elija una empresa acreditada que opere embarcaciones en buen estado y emplee patrones certificados. Busque barcos que proporcionen chalecos salvavidas para todos los pasajeros y asegúrese de que cumplan con las normas de seguridad.

Imagínese deslizándose por las brillantes aguas del lago de Garda en un pintoresco paseo en barco. Si bien el paisaje es cautivador, elegir una empresa de buena reputación es primordial. Busque embarcaciones que estén bien mantenidas y operadas por patrones experimentados que prioricen la seguridad. Los chalecos salvavidas deben estar disponibles para todos los pasajeros y la empresa debe cumplir con todas las normas de seguridad.

- **Tenga cuidado con las actividades acuáticas sin supervisión:** Si planea nadar, hacer kayak o hacer remo, elija áreas designadas para nadar o alquile el equipo de un proveedor confiable que pueda brindarle instrucciones de seguridad. Evite nadar solo, especialmente en áreas no supervisadas con fuertes corrientes.

Imagínese disfrutando de un refrescante baño en las aguas cristalinas del lago de Garda. Si bien es tentador intervenir en cualquier lugar, es importante tener cuidado. Elija áreas designadas para nadar con socorristas de guardia, especialmente si viaja con niños. Alquilar el equipo de un proveedor acreditado garantiza que esté en buen estado y que pueda brindarle instrucciones de seguridad antes de salir al agua. Recuerde, ¡la seguridad es lo primero!

- **Respete las regulaciones locales:** El lago de Garda tiene áreas designadas para nadar, pasear en bote y otras actividades acuáticas. Respeta estas normas y evita aventurarte en zonas restringidas o alejarte demasiado de la orilla si no eres un buen nadador.

Imagínese planeando un día de diversión en el agua. Antes de salir, tómate un momento para familiarizarte con las regulaciones locales. Preste atención a las áreas designadas para nadar, las zonas restringidas para embarcaciones y los límites de velocidad que puedan existir. Seguir estas normas garantiza la seguridad de todos y permite disfrutar del lago de forma responsable.

Consejos adicionales:

- **Aprenda algunas frases básicas en italiano:** Si bien se habla inglés en las zonas turísticas, aprender algunas frases básicas en italiano como "Buongiorno" (Buenos días), "Grazie" (Gracias) y "Scusi" (Disculpe) es de gran ayuda. Muestra respeto por la cultura local y puede ayudarle a orientarse.

Imagínese navegando por un mercado bullicioso en busca del recuerdo perfecto. Un simple "Buongiorno" (Buenos días) o "Grazie" (Gracias) puede ser de gran ayuda para romper la barrera del idioma y fomentar una interacción amistosa con los lugareños. Conocer algunas frases básicas también puede ayudarte en situaciones en las que es posible que no se entienda fácilmente el inglés, tal vez al preguntar direcciones o pedir comida en un restaurante local. Considere descargar una aplicación de aprendizaje de idiomas o comprar un libro de frases para repasar su italiano antes de su viaje.

- **Ten cuidado de tu entorno:** Especialmente de noche, manténgase alerta y evite caminar solo en zonas poco iluminadas. Cíñete a calles bien pobladas y ten en cuenta tu entorno. Si no está seguro acerca de un área en particular, solicite al conserje de su hotel recomendaciones sobre rutas seguras.

Imagínense disfrutando de una deliciosa cena en una encantadora trattoria. Si bien el ambiente relajado es encantador, es importante estar atento a su entorno, especialmente de noche. Evite aventurarse solo en áreas desconocidas o mal iluminadas. Siga las carreteras principales y los senderos bien iluminados y, si no está seguro acerca de una ruta en particular, consulte al personal de su hotel para obtener orientación. Un poco de precaución puede evitar preocupaciones innecesarias y hacer que sus veladas sean más agradables.

- **Confia en tu instinto:** Si una situación le resulta incómoda, confíe en sus instintos y aléjese de ella. No tenga miedo de rechazar cortésmente ofertas de proveedores demasiado persistentes o de evitar situaciones que le hagan sentir incómodo.

Imagínense explorando un mercado vibrante, abrumados por las vistas y los sonidos. Un extraño se acerca e insiste en venderte un producto "especial". Si la situación le resulta incómoda, confíe en su instinto y rechace cortésmente. Está perfectamente bien decir que no y marcharse. Recuerde, su seguridad personal es primordial y ser asertivo puede ayudarlo a evitar situaciones no deseadas.

- **Compra de seguro de viaje:** El seguro de viaje puede brindar tranquilidad y cubrir eventos inesperados como emergencias médicas, cancelaciones de viajes o pérdida de equipaje. Considere comprar un plan que se adapte a sus necesidades y a su itinerario.

Imagínense embarcándose en su emocionante aventura en el lago de Garda. Si bien las circunstancias imprevistas son raras, tener un seguro de viaje proporciona una red de seguridad. Busque un plan que cubra gastos médicos, cancelaciones de viajes debido a eventos imprevistos y posibles pérdidas o daños a su equipaje. Saber que está cubierto le permite relajarse y concentrarse en crear recuerdos duraderos.

Si sigue estos sencillos consejos de seguridad y permanece atento, podrá garantizar una experiencia agradable y sin preocupaciones en el lago de Garda. Abrace el encanto italiano, explore el impresionante paisaje y cree recuerdos inolvidables, todo mientras prioriza su seguridad y bienestar.

Moverse: navegar por la región en coche, ferry, autobús o bicicleta

El lago de Garda, una joya reluciente enclavada en medio de los Alpes italianos, ofrece una gran cantidad de oportunidades de exploración. Pero con pueblos encantadores esparcidos a lo largo de sus costas y paisajes impresionantes que atraen desde las colinas circundantes, surge la pregunta: ¿cómo navegar por todo esto? ¡No temáis, compañeros de viaje! Esta guía profundiza en los diversos modos de transporte disponibles alrededor del lago Garda, permitiéndole diseñar el itinerario perfecto para su exploración.

Explorando en coche

Imagínense navegando por las pintorescas carreteras junto al lago con el viento azotando su cabello y el impresionante panorama del lago desplegándose ante ustedes. Alquilar un coche ofrece la máxima libertad y flexibilidad para explorar el lago de Garda a su propio ritmo. Imagínese deteniéndose en pueblos pintorescos que despiertan su curiosidad, descubriendo gemas escondidas fuera de los caminos trillados y personalizando su itinerario según sus intereses.

Beneficios:

- **Libertad y flexibilidad:** Un automóvil le otorga control total sobre su itinerario. Deténgase cada vez que encuentre un lugar pintoresco, ajuste su horario sobre la marcha y explore rincones ocultos de la región del lago a los que tal vez no sea fácil acceder en transporte público.

- **Conveniencia:** Empaque su automóvil con todo lo que necesita (trajes de baño, cestas de picnic, equipo para caminar) y elimine la necesidad de cargar sus pertenencias con usted mientras viaja entre destinos. Esto es especialmente conveniente si viaja con su familia o un grupo de amigos.

Cosas para considerar:

- **Navegando por las carreteras:** Algunas de las carreteras que rodean el lago, especialmente las que conducen a pueblos más altos, pueden ser estrechas y sinuosas. Esté preparado para el tráfico ocasional, especialmente durante la temporada alta. Si no se siente cómodo conduciendo en territorio desconocido o en carreteras de montaña, considere utilizar el transporte público o contratar un conductor.

- **Estacionamiento:** Aparcar puede ser un desafío en algunas de las ciudades populares junto al lago, especialmente durante los meses de verano. Esté preparado para pagar el estacionamiento en zonas designadas o utilizar estacionamientos públicos fuera de los centros de las ciudades. Investigue las opciones de estacionamiento de antemano, especialmente si visita un destino particularmente popular.

Consejo interno: ¡Alquila un coche con sistema GPS! Esto le evitará la molestia de descifrar las señales de tráfico italianas y navegar por territorios desconocidos. Muchas empresas de alquiler ofrecen sistemas GPS en inglés, lo que garantiza una experiencia de conducción fluida y sin estrés.

Embarcarse en una aventura en ferry

Imagínese deslizándose por las aguas cristalinas del lago de Garda, con la suave brisa que lleva el aroma de pino y cítricos. Imagínense encaramados en la cubierta superior de un ferry, sumergiéndose en el impresionante panorama de las montañas circundantes y los encantadores pueblos que salpican la costa. Tomar un ferry es una forma relajante y pintoresca de viajar entre las principales ciudades del lago de Garda, ofreciendo una perspectiva única de la región.

Beneficios:

- **Viaje panorámico:** Un viaje en ferry es una forma encantadora de experimentar la belleza del lago de Garda. Relájate y disfruta del impresionante paisaje mientras viajas de un pueblo a otro. Observa pueblos encantadores ubicados en las laderas de las colinas, admira las majestuosas montañas reflejadas en el agua y disfruta de la refrescante brisa.

- **Viaje sin estrés:** ¡Olvídate de los atascos y las preocupaciones de aparcamiento! Súbete a un ferry y deja que el capitán navegue por las aguas mientras te relajas y disfrutas de las vistas. Esta es una opción perfecta si desea sentarse, relajarse y simplemente disfrutar de la belleza del lago.

Cosas para considerar:

- **Rutas limitadas:** Los ferries operan principalmente entre las principales ciudades del lago de Garda. Si planea explorar pueblos más pequeños o aventurarse más en el campo circundante, un automóvil o un autobús puede ser una opción más adecuada.

- **Planificación de horarios:** Si bien los ferries circulan con frecuencia durante la temporada alta, es importante consultar el horario con anticipación, especialmente si tiene un itinerario específico en mente. Tenga en cuenta los tiempos de espera y los posibles retrasos al planificar su viaje entre ciudades.

Consejo interno: Considere comprar un pase de ferry de varios días si planea realizar varios viajes a través del lago. Esta puede ser una forma económica de explorar diferentes ciudades y disfrutar de los pintorescos paseos en ferry durante su estadía.

Viajar en autobús

Imagínense subiéndose a un cómodo autobús y recorriendo encantadores pueblos ubicados entre colinas. Imagínense charlando con los lugareños a bordo, practicando italiano y sumergiéndose en la vida cotidiana de la región. Los autobuses públicos ofrecen una forma cómoda y económica de viajar entre las ciudades alrededor del lago de Garda.

Beneficios:

- **Económico:** Viajar en autobús es la forma más económica de navegar por el lago de Garda. Los boletos son económicos, lo que le permite estirar aún más su presupuesto de viaje y explorar más de la región. Esta es una opción perfecta para viajeros preocupados por su presupuesto o aquellos que desean ahorrar dinero en transporte.

- **Accesibilidad:** La red de autobuses alrededor del lago de Garda es extensa y llega a la mayoría de las ciudades principales y a algunos de los pueblos más grandes. Esto le permite explorar una gama más amplia de destinos sin la necesidad de un automóvil. Los centros de transporte público están convenientemente ubicados en la mayoría de las ciudades, lo que facilita tomar un autobús y continuar su viaje.

Cosas para considerar:

- **Tiempo de viaje:** En comparación con un automóvil, los autobuses tardan más en viajar entre destinos. Siguen rutas predeterminadas con paradas en puntos designados, lo que puede aumentar el tiempo de viaje. Tenga en cuenta este tiempo adicional al planificar su itinerario.

- **Horario limitado:** Los horarios de los autobuses, si bien son frecuentes durante la temporada alta, pueden ser menos frecuentes en las temporadas intermedias o en las horas de menor actividad. Investigue los horarios con anticipación y planifique sus excursiones de un día en consecuencia. Además, es posible que los autobuses no funcionen tan tarde por la noche, así que tenga esto en cuenta si está planeando excursiones nocturnas.

Consejo interno: Compre un pase de autobús de varios días si planea realizar viajes frecuentes entre ciudades. Esta puede ser una forma rentable de explorar la región sin preocuparse por comprar billetes para cada viaje individual. Algunos pases turísticos pueden incluso combinar viajes en autobús con viajes en ferry, lo que ofrece mayor flexibilidad.

Embarcarse en una aventura en bicicleta

Imagínese sintiendo la vigorizante brisa en su rostro mientras se desliza por los pintorescos senderos junto al lago. Imagínense rodeados de naturaleza, pedaleando por encantadores pueblos y viñedos y descubriendo joyas escondidas a su propio ritmo. El ciclismo es una manera fantástica de explorar los rincones menos transitados del lago de Garda, ofreciendo una perspectiva única de la región mientras se hace algo de ejercicio en el camino.

Beneficios:

- **Exploración ecológica:** La bicicleta es una forma sostenible de explorar la región, minimizando su huella de carbono y promoviendo el turismo responsable. El aire fresco y el ejercicio suave te harán sentir lleno de energía y renovado.

- **Revelando gemas ocultas:** El ciclismo le permite aventurarse más allá de las carreteras principales, explorando senderos más tranquilos, pueblos encantadores y calas escondidas a las que quizás no se pueda acceder en coche. Esta es una manera perfecta de descubrir el auténtico encanto de la región y experimentar la belleza del campo.

Cosas para considerar:

- **Terreno:** El terreno alrededor del lago de Garda puede ser variado, con algunos senderos llanos junto al lago y otros con subidas más pronunciadas. Asegúrese de elegir una ruta que se adapte a su nivel de condición física y experiencia en bicicleta. Investigue las rutas de antemano y tenga en cuenta las secciones desafiantes, especialmente si viaja con niños o ciclistas menos experimentados.

- **Seguridad:** Utilice siempre un casco cuando vaya en bicicleta, incluso en distancias cortas. Esté atento a su entorno, especialmente en carreteras con mucho tráfico, y siga las normas de tráfico. Considere invertir en equipo reflectante para aumentar la visibilidad si planea andar en bicicleta al anochecer o de noche.

Consejo interno: Alquile una bicicleta en una tienda reconocida que ofrezca varios tipos de bicicletas, incluidas bicicletas de montaña para afrontar terrenos más desafiantes, bicicletas eléctricas para un viaje más sencillo con un poco de asistencia eléctrica o cómodas bicicletas de paseo perfectas para explorar tranquilamente. Muchas tiendas también ofrecen alquiler de cascos y otros equipos de seguridad.

Al considerar estos diversos modos de transporte (automóvil, ferry, autobús o bicicleta), puede adaptar su exploración del lago de Garda a sus intereses, presupuesto y estilo de viaje. Ya sea que anhele la libertad de la carretera, la calma relajante de un viaje en ferry, la comodidad económica de un autobús o la emoción de una aventura en bicicleta, el Lago Garda ofrece la manera perfecta de explorar su cautivadora belleza.

Asuntos de dinero: cambio de divisas y etiqueta de propinas

El lago de Garda promete unas vacaciones inolvidables. Pero antes de dejarse llevar por el encanto italiano, es esencial navegar por el mundo de la moneda y las propinas. ¡No temáis, compañeros de viaje! Esta guía le proporcionará todo el conocimiento que necesita para administrar sus finanzas sin problemas y evitar situaciones incómodas relacionadas con las propinas.

Cambio de divisas: conversión inteligente de su efectivo

Imagínense paseando por un bullicioso mercado en una ciudad junto al lago, con los sentidos abrumados por los colores vibrantes de los productos frescos y el tentador aroma de las delicias locales. Pero antes de sumergirnos en las compras, hablemos del cambio de divisas. La moneda oficial en Italia es el euro (EUR). Si bien muchos establecimientos turísticos aceptan las principales tarjetas de crédito, tener algunos euros a mano garantizará una experiencia más fluida y cómoda.

- **Planificando tu intercambio:** Investigue los tipos de cambio antes de su viaje. Los aeropuertos y las estaciones de tren suelen ofrecer tarifas menos favorables, así que considere cambiar una pequeña cantidad de efectivo a su llegada para necesidades inmediatas como tarifas de taxi o un bocado rápido. Busque oficinas de cambio de buena reputación en las ciudades cercanas al lago de Garda y compare tarifas para asegurarse de obtener la mejor oferta.

Aquí tienes un consejo profesional: muchos bancos ofrecen tarjetas de viaje que se pueden precargar con euros. Estas tarjetas suelen tener tipos de cambio más competitivos y el beneficio adicional de la tecnología de chip y pin para transacciones seguras.

- **Efectivo versus tarjeta:** Si bien las tarjetas de crédito son ampliamente aceptadas en restaurantes, hoteles y tiendas más grandes, es posible que algunos vendedores más pequeños y trattorias familiares solo acepten efectivo. Una buena regla general es llevar una combinación de ambos: euros para compras más pequeñas y su tarjeta de crédito para transacciones más grandes. Recuerde informar a su banco sobre sus planes de viaje para evitar posibles problemas con el uso de la tarjeta en el extranjero.

Etiqueta para dar propinas: navegar por el "laberinto de propinas"

Imagínese disfrutando de una deliciosa comida en una acogedora trattoria en una encantadora plaza. La comida fue fantástica, el servicio atento y ahora te preguntas acerca de las propinas. Las costumbres de dar propinas en Italia difieren ligeramente de las de otros países, por lo que aquí hay un desglose para navegar por el "laberinto de las propinas" con confianza.

- **Propinas en restaurantes:** A diferencia de América del Norte, las facturas de los restaurantes en Italia suelen incluir un "coperto" (cargo de cobertura), una pequeña tarifa por persona que cubre el costo del pan, los cubiertos y el servicio de mesa. Dejar una propina adicional es una forma de mostrar su agradecimiento por un servicio excepcional. Generalmente se considera apropiado un pequeño redondeo al euro más cercano o una propina del 5 al 10%.

Aquí tienes un consejo interno: si el servicio fue realmente excelente, puedes dejar una propina un poco más alta para expresar tu gratitud. Sin embargo, no hay necesidad de sentirse obligado a dejar una propina grande, especialmente si el servicio fue normal.

- **Propinas en Otros Establecimientos:** Para otros servicios como taxis, personal de hotel o peluquería, una pequeña propina (unos pocos euros) es un bonito gesto de agradecimiento. Sin embargo, dar propina no es obligatorio en estas situaciones. Si cree que el servicio fue excelente, una pequeña muestra de agradecimiento siempre será bienvenida.

Consejo adicional: Pague siempre con la cantidad exacta o un poco más al dejar una propina en efectivo. Esto evita la necesidad de cambios y garantiza una transacción sin problemas.

Números de contacto importantes: servicios de emergencia e información turística

El lago de Garda, con su paisaje cautivador y su atmósfera vibrante, promete unas vacaciones inolvidables. Sin embargo, estar preparado para cualquier situación garantiza un viaje tranquilo y sin preocupaciones. Aquí encontrará una guía de números de contacto esenciales que podría necesitar durante su escapada al lago de Garda, lo que le permitirá afrontar cualquier situación inesperada y acceder a información turística útil.

Servicios de emergencia:

- **Número de emergencia europeo:** 112 (Este es el número de emergencia universal en la mayoría de los países europeos, incluida Italia. Recuerde este número para cualquier situación que ponga en peligro la vida, emergencias médicas o asistencia policial urgente).

Imagínese disfrutando de una caminata tranquila por las colinas que rodean el lago de Garda cuando, de repente, da un paso en falso y se lesiona el tobillo. ¡No entrar en pánico! El número de emergencia europeo, 112, es su salvavidas en este tipo de situaciones. Marca este número desde cualquier teléfono móvil, incluso sin tarjeta SIM, y un operador te conectará con el servicio de emergencia adecuado, ya sea una ambulancia, bomberos o policía. Mantenga la calma y describa claramente la naturaleza de la emergencia y su ubicación para garantizar una asistencia rápida.

- **Carabinieri (Policía Nacional):** 113 (Para situaciones que no ponen en peligro la vida y que requieren intervención policial, como pasaportes perdidos, pertenencias robadas o presenciar un delito).

Imagínense paseando por un bullicioso mercado en una ciudad junto al lago cuando se dan cuenta de que falta su billetera en su bolso. Si bien es frustrante, esto no justifica marcar el 112. Para situaciones que no ponen en peligro la vida y requieren asistencia policial, comuníquese con los Carabinieri, la fuerza policial nacional de Italia, al 113. Ellos pueden ayudarlo a presentar un informe, ofrecerle orientación y conectarlo con recursos. para navegar la situación.

- **Ambulancia:** 118 (Para asistencia médica inmediata en caso de enfermedad, lesión o problemas de salud repentinos).

Imagínense disfrutando de un refrescante baño en el lago cuando alguien experimenta un problema médico repentino. Marque inmediatamente el 118 para solicitar una ambulancia. Si bien es de esperar que esto no sea necesario, conocer el número de emergencia le permite actuar rápidamente en una situación crítica. Mantenga la calma y comunique claramente la naturaleza de la emergencia médica y su ubicación para garantizar que la ambulancia llegue a usted lo más rápido posible.

Información turística:

- **Oficinas de Información Turística Locales:** Cada ciudad alrededor del lago de Garda tiene su propia oficina de información turística, normalmente ubicada en el centro de la ciudad o cerca de las principales atracciones. Estas oficinas suelen contar con personal multilingüe y brindan una gran cantidad de información, incluidos mapas, folletos, calendarios de eventos y recomendaciones sobre cosas para ver y hacer.

Imagínese llegar a una encantadora ciudad junto al lago, ansioso por explorar sus joyas escondidas. En lugar de vagar sin rumbo fijo, dirígete a la oficina de información turística local. El amable personal, que a menudo habla inglés con fluidez, puede responder a sus preguntas, proporcionarle mapas detallados que destacan puntos de interés y recomendarle restaurantes, cafeterías y atracciones de visita obligada según sus intereses. ¡Estas oficinas son su ventanilla única para todo lo relacionado con el turismo!

- **Sitio web oficial de turismo del Lago de Garda:** https://www.visitgarda.com/en/garda_lake/ (Este sitio web sirve como un recurso integral para planificar su escapada al lago de Garda. Ofrece información sobre ciudades y pueblos, atracciones, opciones de alojamiento, eventos, transporte y experiencias culturales. El sitio web está disponible en varios idiomas, lo que lo hace accesible a un público más amplio. audiencia.)

Imagínense planificando su itinerario por el lago de Garda desde la comodidad de su hogar. El sitio web oficial de turismo del Lago de Garda, https://www.visitgarda.com/en/garda_lake/, es un tesoro de información. Explore descripciones detalladas de ciudades y pueblos, descubra joyas ocultas y atracciones populares, explore opciones de alojamiento que se adapten a su estilo y presupuesto, y encuentre inspiración para actividades y eventos según la temporada y sus intereses. Este sitio web es su compañero de viaje virtual y le ayuda a elaborar el itinerario perfecto para una aventura inolvidable en el lago de Garda.

Consejo interno: Guarde estos importantes números de contacto y la dirección del sitio web de turismo del lago de Garda en los contactos o favoritos de su teléfono para acceder fácilmente durante su viaje. Estar preparado y saber dónde encontrar información garantiza unas vacaciones tranquilas y sin preocupaciones.

Evitar trampas para turistas: aprovechar al máximo su experiencia

El lago de Garda, con sus cautivadores paisajes y encantadoras ciudades, atrae a millones de visitantes cada año. Si bien los puntos turísticos ofrecen una muestra de la región, aventurarse más allá de ellos abre un mundo de experiencias auténticas y gemas escondidas. Aquí está su guía para evitar las trampas para turistas y maximizar su aventura en el lago de Garda.

Evitar trampas en los restaurantes

- **Cuidado con los menús con imágenes:** Los menús repletos de imágenes, a menudo traducidos a varios idiomas, son un clásico indicador de trampa para turistas. Los auténticos restaurantes italianos suelen tener menús solo en italiano y con ingredientes frescos de temporada. Pídale al conserje de su hotel o a los amables lugareños que le recomienden trattorias genuinas frecuentadas por italianos.

Imagínense paseando por una plaza encantadora, atraídos por un menú repleto de fotografías de pizzas relucientes y platos de pasta rebosantes. Si bien estas imágenes pueden resultar tentadoras, ¡resista la tentación! Los auténticos restaurantes italianos se centran en ingredientes frescos y de temporada y dejan que la calidad de sus platos hable por sí sola. Busque menús solo en italiano, una señal de que el restaurante atiende a los lugareños y prioriza los sabores tradicionales sobre las presentaciones amigables para los turistas.

- **Evite los restaurantes en las plazas principales:** Los restaurantes que bordean las plazas principales de los puntos turísticos a menudo tienen precios inflados y una calidad de comida mediocre. Aventúrese más allá de las calles principales y explore las calles laterales donde encontrará trattorias escondidas con atmósferas cálidas y acogedoras y deliciosos platos caseros.

Imagínense sentados en una plaza abarrotada, con el sol pegando y con menús turísticos caros mirándolos. ¡Evita las molestias! Pasee por encantadoras callejuelas y descubra joyas escondidas: acogedoras trattorias con manteles a cuadros y un personal amable. Estos establecimientos suelen ofrecer especialidades del día con ingredientes frescos de origen local a una fracción del precio. Experimentarás la auténtica cocina italiana y apoyarás a las empresas locales, lo que hará que tu aventura culinaria sea más gratificante.

- **Abrace la tradición de los antipasti:** Deshazte de los menús turísticos con porciones demasiado grandes. Abrace la tradición italiana de los antipasti, una selección de pequeños aperitivos que presentan una variedad de sabores. Esta es una manera perfecta de probar diferentes platos, compartir platos con amigos o familiares y disfrutar de una experiencia gastronómica tranquila.

Imagínense instalándose en una encantadora trattoria, edificio de anticipación. En lugar de un único plato principal intimidante, pregúntele a su camarero sobre la selección de antipasti. Es posible que encuentre carnes curadas, verduras marinadas, quesos cremosos o arancini (bolas de arroz frito), una forma deliciosa de saborear las delicias culinarias de la región. Esto le permite probar una variedad de platos sin sentirse abrumado y es una experiencia gastronómica más social, perfecta para conversar y compartir.

Evitar el caos de los souvenirs

- **Cuidado con las baratijas producidas en masa:** Las tiendas de souvenirs alrededor de las atracciones turísticas a menudo están repletas de baratijas producidas en masa y llaveros de mal gusto. En su lugar, busque auténticas artesanías locales: piense en cerámicas pintadas a mano de Sirmione, cestas tejidas a mano de Bardolino o aceite de oliva de producción local en las colinas circundantes.

Imagínense navegando por una tienda de souvenirs abarrotada, abrumados por hileras de góndolas de plástico y llaveros genéricos. ¡Resista la tentación de comprar estas baratijas producidas en masa! Dirígete a los puestos de artesanos locales o tiendas especializadas donde encontrarás artículos únicos y hechos a mano que cuentan una historia sobre la región. Una hermosa pieza de cerámica de un ceramista local o una botella de exquisito aceite de oliva de una granja familiar son recuerdos que lo transportarán de regreso al lago de Garda mucho después de regresar a casa.

- **Haga su investigación y negocie:** Si bien algunas tiendas tienen precios fijos, otras ofrecen margen de negociación. Antes de salir, investigue el costo promedio de la artesanía local para evitar pagar de más. Una sonrisa amistosa y algunas frases básicas en italiano como "¿Quanto costa?" (¿Cuánto cuesta?) puede ser de gran ayuda para llegar a un acuerdo justo.

Imagínense parados frente a un encantador puesto lleno de coloridas cerámicas pintadas a mano. ¡No tengas miedo de interactuar con el proveedor! Una conversación amistosa y un simple "¿Posso avere un prezzo migliore?" (¿Puedo tener un mejor precio?) puede desbloquear una experiencia de compra más gratificante. Es posible que consigas una buena oferta y apoyes a los artesanos locales al mismo tiempo. Recuerde, la negociación es una norma cultural en algunas partes de Italia, ¡así que abrácela!

- **Apoye los mercados locales:** Evite las costosas tiendas de souvenirs y busque los bulliciosos mercados locales. Aquí encontrará productos frescos de agricultores locales, deliciosas especialidades regionales y artículos hechos a mano por artesanos locales, todo a precios razonables.

Imagínense paseando por un mercado vibrante, con el aroma del pan recién hecho y las especias llenando el aire. Los vendedores exhiben con orgullo sus productos: frutas y verduras relucientes, carnes curadas y quesos aromáticos, y chucherías hechas a mano. ¡Este es un tesoro escondido de auténticos productos italianos! Aquí podrá apoyar a las empresas locales, practicar sus habilidades de negociación y encontrar recuerdos únicos que capturen la esencia del lago de Garda.

Mantenerse alejado de actividades no auténticas

- **Tenga cuidado con los sofisticados recorridos en barco:** Si bien los recorridos en barco ofrecen una perspectiva panorámica del lago, algunos priorizan los cambios rápidos y las presentaciones llamativas sobre las experiencias auténticas. Busque recorridos dirigidos por lugareños apasionados que comparten interesantes datos e historias históricas sobre la región. Considere recorridos más pequeños y personalizados que permitan la interacción y una conexión más profunda con el medio ambiente.

Imagínese hacinados en un barco ruidoso repleto de turistas, sintiéndose más como ganado pastoreado que como exploradores aventureros. ¡Evita estos recorridos impersonales y llenos de gente! En su lugar, busque recorridos en barcos más pequeños dirigidos por lugareños conocedores. Estos recorridos a menudo se centran en áreas específicas, ofrecen información histórica profunda y le permiten apreciar la belleza del lago a un ritmo más pausado. Incluso podrías tener la oportunidad de hacer una parada para nadar en una cala apartada o visitar una gruta escondida, creando una experiencia más memorable.

- **Evite las rutas de senderismo concurridas:** Las rutas de senderismo más populares alrededor del lago de Garda pueden estar abarrotadas, especialmente durante la temporada alta. Busque senderos menos conocidos que ofrezcan vistas impresionantes y una sensación de serenidad. Las oficinas de información turística locales o el conserje de su hotel pueden brindarle recomendaciones sobre gemas escondidas que ofrecen una conexión más pacífica con la naturaleza.

Imagínense resoplando y resoplando por una ruta de senderismo congestionada, rodeados de voces fuertes y luchando por disfrutar del paisaje. ¡Hay una mejor manera! Explora senderos menos transitados que te llevarán a través de pueblos encantadores, cascadas escondidas o impresionantes miradores montañosos. Serás recompensado con paisajes impresionantes, la oportunidad de reconectarte con la naturaleza y la sensación de descubrir un paraíso secreto.

- **Adopte los festivales locales:** Evite los eventos turísticos organizados y busque festivales locales genuinos. Estas celebraciones ofrecen una visión vibrante de la cultura de la región, con música tradicional, deliciosa comida callejera y la oportunidad de interactuar con lugareños amigables. Investigue los próximos festivales durante las fechas de su viaje y sumérjase en la energía contagiosa y el espíritu auténtico de la región.

Imagínense topándose con una animada fiesta local, con el aroma de las carnes a la parrilla y el pan recién horneado llenando el aire. La gente vestida con ropa tradicional baila al ritmo de la música folclórica y el ambiente está lleno de alegría. Esta es una oportunidad para experimentar la cultura italiana de primera mano, probar delicias regionales y crear recuerdos que van más allá de la típica experiencia turística. Abrace la espontaneidad y sumérjase en las tradiciones locales.

Aprovechando al máximo su tiempo:

- **Planifique, pero deje espacio para la espontaneidad:** Si bien un itinerario básico es útil, no programes demasiado tus días. Deje espacio para descubrimientos espontáneos: una encantadora cafetería escondida en una calle lateral, un mercado local con el que se topó o una conversación amistosa con el dueño de una tienda. Estos encuentros inesperados a menudo pueden ser lo más destacado de su viaje.

Imagínense con un itinerario meticulosamente planificado, yendo de una atracción turística a otra. ¡Relajarse! Si bien un plan flexible ayuda a garantizar que veas los lugares que debes ver, deja espacio para la espontaneidad. Desvíese por un callejón encantador, entable una conversación con un lugareño o siga su olfato hasta una panadería escondida. Estos momentos inesperados suelen ser los que más apreciará, creando una experiencia de viaje más enriquecedora y auténtica.

- **Adopte el ritmo más lento:** Italia es conocida por su filosofía "la dolce vita" (la dulce vida). No tengas miedo de reducir el ritmo, saborear tus comidas, disfrutar de tranquilos paseos por pueblos con encanto y apreciar la belleza de tu entorno. No hay necesidad de apresurarse de una actividad a otra. Abracen el ritmo más lento y permítanse conectarse verdaderamente con la atmósfera relajada de la región.

Imagínense corriendo de una atracción turística a otra, tachando cosas de una lista y sintiéndose agotados. En lugar de eso, ¡respira hondo y reduce la velocidad! Saboree un café tranquilamente en una plaza soleada, observe a la gente pasar y sumérjase en la atmósfera. Explore las ciudades a un ritmo pausado, perdiéndose en las calles laberínticas y descubriendo joyas escondidas. Este enfoque de viaje permite una apreciación más profunda de la cultura local y una experiencia más rejuvenecedora.

Si sigue estos consejos, podrá evitar las trampas para turistas y diseñar un itinerario que descubra la auténtica esencia del lago de Garda. Recuerde, los mejores recuerdos a menudo se crean cuando se aventura más allá del camino trillado y acepta lo inesperado.

Conclusión

A medida que su estancia en el lago de Garda llega a su fin, una sensación agridulce lo invade. Los días soleados llenos de exploración, las deliciosas comidas saboreadas en encantadoras plazas, las risas compartidas con sus seres queridos: estas experiencias tejen un tapiz de recuerdos que atesorará mucho después de regresar a casa. Pero no se preocupe, compañero de viaje, porque el lago de Garda deja una marca indeleble, un anhelo de regresar y descubrir más.

Imagínense parados a la orilla del lago por última vez, con la fresca brisa de la mañana llevando el aroma de pino y cítricos. Respiras profundamente y te sumerges en el impresionante panorama de las aguas resplandecientes y las majestuosas montañas que se han convertido en tu telón de fondo durante los últimos días. Una suave ola de nostalgia te inunda mientras recuerdas las aventuras en las que te has embarcado.

Imagínense paseando por las calles adoquinadas de un pueblo encantador, con los ecos de las risas aún flotando en el aire. Recuerdas la emoción de conquistar una caminata desafiante, y la recompensa es una vista impresionante que se desarrolló ante tus ojos. El sabor de un plato de pasta perfectamente cocinado en una trattoria escondida o la refrescante dulzura de una bola de helado disfrutada en una plaza soleada: estas experiencias sensoriales quedan grabadas en tu memoria.

El lago de Garda no es sólo una colección de lugares de interés; es un tapiz tejido con experiencias. Quizás te lleves a casa algunos recuerdos: una cerámica pintada a mano por un artesano local, una botella de exquisito aceite de oliva de una granja familiar o una canasta tejida llena de recuerdos. Pero los recuerdos más preciados son intangibles: la calidez de la hospitalidad italiana, la alegría de conectarse con la naturaleza y las risas compartidas con los seres queridos.

Al despedirse del lago de Garda, recuerde que no es sólo un lugar que visitó; es un lugar que tocó tu corazón. Lleva contigo un pedazo de su magia: el aprecio por los placeres simples, el gusto por los sabores auténticos y el anhelo de aventura. Y quién sabe, tal vez algún día te encuentres de nuevo en las orillas de este encantador lago, listo para crear un nuevo capítulo en tu historia del Lago de Garda.

Made in United States
North Haven, CT
28 July 2024